AF242879

CATALOGUE

ALPHABÉTIQUE

DE LA BIBLIOTHÈQUE DE MONTBRISON.

CATALOGUE

ALPHABÉTIQUE

DE LA BIBLIOTHÈQUE

DE LA VILLE

DE MONTBRISON

EXTRAIT ABRÉGÉ DES CATALOGUES RÉDIGÉS PAR
M. LE BIBLIOTHÉCAIRE CONSERVATEUR
DES OBJETS D'ART
DE LA VILLE.

Ouvrages complets, ou dont les volumes ont une importance particulière.

MONTBRISON

IMPRIMERIE DE CONROT, LIBRAIRE.

1860.

CATALOGUE ALPHABÉTIQUE

DE LA

BIBLIOTHÈQUE DE LA VILLE DE MONTBRISON.

Première Partie.

SECTION I. — THÉOLOGIE.

1 AMBROSIUS (S.), *Opera*.... — Lutetiæ, apud societatem Bibliopolarum, 1642, 2 v in-fol.

2 AMELOTTE (le Père), de l'Orat. — Abrégé de la *Théologie*. —
Paris, Muguet, 1675, 1 v in-fol.

3 — *Nouveau Testament* (le), traduit sur l'ancienne édition latine. — Paris, Muguet, 1688, 2 v in-fol.

4 ATHANASIUS (S.), archiep. Alexand., *Opera* omnia, grec et latin
(Edit. Bened.). — Parisiis, Anisson, 1698, 2 v in-fol.

5 AUGUSTINUS (S. Aurelius), Hipponensis episcop., *Opera* (Edit.
Bened.). — Parisiis, F. Muguet, 1688-1700, 11 tomes en
9 v. in-fol.

6 BALTUS (de la Compagnie de Jésus), *Défense* des SS. Pères ac-
cusez de Platonisme. — Paris, Le Conte, 1711, 1 v in-4º.

7 BASILIUS (S. Pater noster). Cæs, Cappadociæ archiep., *Opera*
omnia (Edit. Bened.). — Parisiis, J.-B. de Coignard, 1721,
3 v in-fol.

8 BAUDIER (Michel), *Histoire générale de la Religion des Turcs.*
— Paris, Langelier-Cramoisy, 1625, 1 v in-4º.

9 BAULDRY, *Manuale Sacrarum Ceremoniarum* juxta ritum S.
Romanæ ecclesiæ. — Lutetiæ, J. Bilaine, 1646, 1 v in-4°.

10 BELLARMINUS (Robertus), societ. Jesu, card. *Explanatione in
Psalmos.* — Lugduni, apud Gleize, 1690, 1 v in-4°.

11 — *Novae Declarationes* congregationis S. R. E. Cardinalium ac
Decreta S. Concilii Tridentini. — Lugduni, sumpt. Laurentii
Durand, 1633, 1 v in-4°.

12 BERNARD (Th.), *Dictionnaire mythologique.* — Paris, Didot,
1846, 1 v in-12.

13 BERNARDUS (S. Pater), Claravallensis abbatus primus, *Opera*
omnia. — Lugduni, societ. bibliopolarum sumpt., 1679,
1 v in-fol.

14 BERRUYER (le P. Isaac Joseph), de la Compagnie de Jésus,
Histoire du Peuple de Dieu, depuis son origine jusqu'à la
naissance du Messie. — Paris, Cailleau, 1728, 6 v in-4°.

15 *Bible (la Sainte)* DE SACY. — Paris, Furne, 1848, 1 v g. in-8°.

16 *Bible (la Sainte),* traduite en françois, le latin de la vulgate
à côté, tomes II et III. — Liège, Broncart, 1702, 2 v in-fol.

17 *Bible (la Sainte),* traduite de latin en françois, par les théolo-
giens de l'Université de Louuain, 2 tomes en 1 v in-fol.

18 *Bible (la Sainte),* traduite en françois, selon la version com-
mune, par René Benoît. — Paris, Gabriel Buon, 1566, 1. v.
in-fol.

19 *Biblia sacra....,* juxta vulgatam editionem, à D. Joanne Bene-
dicto. — Parisiis, apud Seb. Nivellium, 1573, 1 v in-fol.

20 *Biblia sacra,* vulgatæ editionis Sixti V, Pont. max. recognita,
et Clementis VIII, auct. edita. — Lutetiæ, Seb. Hure, 1648,
1 v in-fol.

21 BONAVENTURA (S.), *Opera* omnia. — Lugduni, sumpt. Borde,
1668, 7 tomes en 4 v in-fol.

22 BOSSUET (messire Jacques-Benigne), évêque de Meaux, l'*Apo-
calypse,* avec une explication. — Paris, v° Seb. Cramoisy,
1689, 1 v in-8°.

23 — *Défense* de la célèbre déclaration faite par le Clergé de
France sur la puissance ecclésiastique, 2 tomes en 1 volume, 1735. — 1 v in-4°.

24 — *Defensio* Declarationis conventûs Cleri gallicani, an. 1682,
de ecclesiastica potestate. — Amstelodami, 1745, 2 v in-4°.

25 Cabassutus (R. P. Joannes), *Notitia* ecclesiastica, historiarum conciliorum. — Lugduni, apud Anissonios, 1680, 1 v in-fol.

26 Calmet (Le R. P. D. Augustin), *Commentaire* littéral sur tous les Livres de l'ancien et du nouveau Testament. — Paris, Emery, 1708-1724, 19 v in-fol.

27 Chauvin-Beillard, ancien commissaire de législation à Alger, *De l'Empire Ottoman*. — 1ʳᵉ partie, *Islam*. — Paris, Dentu, 1845, 1 v in-8°.

28 Chrysostomus, archiepiscop. Constantinopolitanus, *Opera* omnia (grec et latin), Opera et studio Bernardini de Montfaucon. — Parisiis, Guerin, 1718, 12 v in-fol.

29 Comte (le P. Louis Le) et Ch. Le Gobien, de la Compagnie de Jésus. — *Nouveaux Mémoires* sur l'état présent de la Chine. Paris, Anisson, tomes II et III, 1698, 2 v in-12.

30 *Concilia* (sacro-sancta), ad regiam editionem, studio Ph. Labbei. Lutetiæ Parisiorum, imp. societ. typ., 1672, 16 v in.-fol.

31 *Conciliorum,* nova collectio, à Stephano Baluzio. — Parisiis, Franc., Muguet, 1707, 1 v in-fol.

32 *Conciliorum* omnium, tomi I et II. — Coloniæ, ex off. Joan. Quentel, 1551, 2 v in-fol.

33 *Conciliorum* omnium (Summa) ex Merlini, Ioverij, Baronij, tomus secundus. — Parisiis, sumpt. Sim. Lesourd 1659, 2 v in-fol.

34 *Concilium* provinciale Ebreduni, anno domini 1727. — Grationopoli, apud P. Faure, 1728, 1 v in-4°.

35 *Concina* (F. D.) ordinis predicatorum, ad Theologiam Christianam dogm.-moralem *Apparatus* (editio tertia). — Romæ, 1758, 12 tomes en 6 v in-4°.

36 Cornuti. *De natura Deorum gentilium Commentarius*. — Basileæ, 1 v in-12.

37 *Corpus Juris Canonici,* Gregor. XIII, Pont. max. Jussu editum. — Coloniæ, 1631, 2 v in-4°.

38 Coton (Pierre), forézien, de la Compagnie de Jésus, prédicateur ordinaire du Roy, *Genève* plagiaire. — Paris, Cl. Chappelet, 1618, 1 v in-fol.

39 — *Institution catholique,* tome second. — Paris, Cl. Chappelet, 1610, 1 v in-4°.

40 *Délibération* de l'assemblée des Cardinaux, Archevêques et Evê-
ques, tenue à Paris en l'année 1713 et 1714, sur l'accepta-
tion de la Constitution en forme de bulle de N. S. P. le Pape
Clément XI. — Paris, v⁰ F. Muguet, 1714, 1 v in-4⁰.

41 DIONYSIUS (S.), areopagitæ, *Opera* (quæquidem ext.) omnia
— Coloniæ, Joannes Quentel, 1556, 1 v in-fol.

42 *Discipline* (*la*) de l'Eglise. — Lyon, Jean Certe, 1689, 2 v in-4⁰.

43 DUGUET (l'abbé), *Explication* de l'ouvrage des six jours. —
Paris, Babuty, 1740, 1 v in-12.

44 DUPIN (Elie), *Dissertation* sur la Bible. — Amsterdam, Gallet,
1701, 1 v in-4⁰.

45 DUPUY, *Commentaire* sur le Traitez des Libertez de l'Eglise
gallicane, de M. Pierre Pithou. — Paris, Musier, 1715, 2 v.
in-4⁰.

46 DUVERGER DE HAURANNE (Jean), abbé de St.-Cyran, *Lettres*
chrétiennes. — Rouen, J. Viret, 1645, 1 v in-4⁰.

47 ERASMUS (Desid.), Roter. *Operum* sextus tomus, Novum Testa-
mentum complectens. — Basileæ, Froben, 1541, 1 v in-fol.

48 ESTIUS. Absolutissima in omnes B. Pauli et septem catholicas
apostolorum epistolas *Commentaria*. — Parisiis, apud F.
Leonard, 1679, 2 v in-fol.

49 *Evangelistae* quatuor, Mathæus, Marcus, Lucas, Ioannes, — 1 v
in-fol.

50 *Explications* de Saint Augustin et des autres Pères latins, sur
le nouveau Testament. — Paris, Lambert-Rouland, 1682,
2 v in-4⁰,

51 FRANÇOIS DE SALES (le Bienheureux), Les *Epîtres* spirituelles.
— Lyon, Cœurssillys, 1634, 1 v in-4⁰.

52 FULMEN brutum P. Sixti V, in Henricum sereniss. Regem
Nauariæ. — 1604, 1 v in-8⁰.

53 GERSONIUS (Joannes), *Opera* omnia. — Antwerpiæ, 1706, 4 v
in-fol.

54 GODEAU (Antoine), euesque de Grasse, *Paraphrase* sur les
Epistres de Saint Paul. — Paris, v⁰ Camusat, 1650, 1 v in-4⁰.

55 GRAS, *Psaumes de David*, traduits en vers français. — Lyon,
Labaume, 1846, 1 v in-8⁰.

56 GREGORIUS (S.) nazianzenus. *Opera*. — Lutetiæ Parisiorum,
apud, C. Morellum, 1612, 1 v in-fol.

57 GREGORIUS (S.) papa. *Opera* omnia. — Parisiis, sumpt.
Claudii Rigaud (Edit. Bened.). — 1705, 4 v in-fol.

58 HARLEMIUS (J.), docteur de l Université de Louuain, *Bible (la Saincte)*. — Lyon, Ancelin, 1605, 1 v in-4º.

59 HENRY, lord anglois, *Histoire* de la Religion des Banians. — Paris, R. de Ninville, 1667, 1 v in-12.

60 HENRYS (Claude), conseiller et premier aduocat du Roy au présidial de Forest. — *Les Mystères de l'Homme de Dieu*. — Lyon, Benoît Coral, 1659, 2 v en 1, in-4º.

61 HIERONIMUS (Sanctus). *Opera* omnia. — Parisiis, tomes 1, 2, 3, 4, 5, 9, 1643, 3 v in-fol.

62 HILARIUS (Sanctus), P. Episcopus, *Opera* (Edit. Bened.). — Parisiis, Muguet, 1693, 1 v in-fol.

63 *Histoire du Socinianisme*. — Paris, François Barois, 1723, 1 v in-4º.

64 HOUDRY (Vincent), de la Compagnie de Jésus, *La Bibliothèque des Prédicateurs*, tomes II, quatrième partie, et tome VIII. — Lyon, A. Boudet, 1716, 2 v in-4º.

65 *Instructions et Lettres* des Rois très Chrétiens et de leurs Ambassadeurs, et autres Actes concernant le Concile de Trente. — Paris, Seb. Cramoisy, 1654, 1 v in-4º.

66 JANIER (Léonard), curé de Saint-Etienne-de-Furan, *Sermons* éuangéliques et apostoliques, second tome, depuis la Pentecoste jusqu'à l'Auent. — Paris, Guillaume Chaudière, 1571, 1 in-8º.

67 JANSENIUS (Cornelius), episc. Iprensis. *Commentarius* in sancta Jesu-Christi, Euangelia. — Parisiis, apud G. Desprez, 1660, 1 v in-4º.

68 JUSTINUS (S. P. N.), philosophus et martyr, *Opera* (Edit. Bened.). — Parisiis, sumptibus Caroli Osmont, 1742, 1 v in-fol.

69 LACTANTIUS (E. C.), Firmianus, *De Opificio Dei*. — Parisiis, apud Simonem Colinœum, 1529, 1 v in-8º.

70 LAMET (DE) et FROMAGEAU, *Le Dictionnaire des cas de Consscience*. — Paris, J. B. Coignard, 1733, 2 v in-fol.

71 LAMY (Bernardus), congreg. orat. presbyt., *De Tabernaculo Fœderis*. — Parisiis, Delespine, 1720, 1 v in-fol.

72 LAPIDE (R. P. Cornelius), *Commentaria in sacram Scripturam*. Parisiis, sumpt. societ., 1631, 5 v in-fol.

73 LAPRADE (Victor DE) *Poèmes Evangéliques*. — Paris, Charpentier, 1853, 1 v in-18.

74 *Lettres* de MM. des missions étrangères au Pape, sur les Idolâtres et les Superstitions chinoises, 1 v in-18.

75 *Logique singulière.* Saint-Etienne, Boyer, 1831, 1 v in-8°.

76 MAIMBOURG (le P. Louis), *Histoire du schisme des Grecs.* — Paris, Mabre Cramoisy, 1677, 1 v in-4°.

77 MAIOR (Joannes), doctor theolog., *Questiones*, Frontispice gravé, — Venund. a sui impressore Jodoco Badio, 1519, 1 v in-4°.

78 MALEBRANCHE, *Entretiens* sur la métaphysique et sur la religion. — Paris, Jean de Nully, 1696, 2 v in-12.

79 — *Traité de morale.* — Lyon, Léonard Plaignard, 1707, 2 v in-12.

80 MARECHAL (Dom Bernard), *Concordance des Saint-Pères.* — Paris, Rollin fils, 1748, 2 v in-4°.

81 *Missale* secundum usum archiepiscop. Lugdunensis. — Cardinalis de Borbonio, arch. et Com. licentia et mandato, Lugduni impressum per Johanem Alemanum (Magnifique in-folio velin, miniat., initiales), 1847, 1 v in-fol.

82 *Morale chrétienne*, rapportée aux Instructions que J.-C. nous a données. — Paris, Guillaume Desprez, 1688, 1 v in-4°.

83 MURE (Jean-Marie DE LA), *Sainct Paul priant après sa conuersion.* — Paris, Lesselin, 1654, 1 v in-8°.

84 PALLAVICINI, *Concilii Tridentini* vera Historia. — Antuerpiæ, ex officina Plantiniana, B. Moreti, 3 v in-4°.

85 PHILONIS judæi, *Opera* exegetica in libros Mosis, de mundi opificio. — Antuerpiæ, apud Johannem Kerberguin, 1614, 1 v in-4°.

86 POMEY (F.) *Pantheum mythicum, seu fabulosa Deorum historia.* — Lugduni, Mollin, 1675, 1 v in-8°.

87 POMPONATIJ (Petri), *Doctrina* et ingenio prestantissimi. Opera. — Basileæ, 1567, 1 v in-8°.

88 *Pramagtica Sanctio,* Decretis sanctorum Patrum, etc.... adduntur insuper in calce huius modi operis concordata inter sanctissimum Papam Leonem decimum et Christianissimum Francie regem Franciscum, huius nominis primum inita. — Lugduni impressa per Joan. Crespinus, 1530. 1 v in-8°.

89 *Prophètes (les Douze petits)*, traduits en françois. — Paris, Elie Josset 1679, 1 v in-4°.

90 *Psalmorum*, liber. — Belle édition XVIme siècle, in-fol.

91 *Relation* abrégée de la nouvelle persécution de la Chine, tirée de la relation composée à Macao, par les Missionnaires de St. Dominique, 1 v in-18.

92 *Renversement (Le)* de la Morale de Jésus-Christ, par les erreurs des Calvinistes, touchant la justification. — Paris, Guillaume Desprez, 1672, 1 v in-4º.

93 *Réponse apologétique à l'anti Coton* et à ceux de sa suite, par un Père de la Cⁱᵉ de Jésus. — Au Pont, Michel Gaillard, 1611, 1 v in-8º.

94 *Rétractation scandaleuse*. — Saint-Etienne, Pichon, 1 v in-8º.

95 RICHELIEU (le cardinal duc DE), *Traité de la perfection du Chrétien*, seconde édition. — Paris, Ant. Vitré, 1 v in-4º.

96 ROLLE (N.). *Recherches sur le culte de Bacchus.* — Paris, Merlin, 1824, 3 v in-8º.

97 SACY (Lemaistre DE), *Poème* contenant la tradition de l'Eglise sur le très Saint-Sacrement de l'Eucharistie. — Paris, Guill. Desprez, 1695, 1 v in-4º.

98 SALOMON, *Conciles* (Traité de l'Etude des). — Paris, Cailleau, 1724, 1 v in-8º.

99 SALVATOR, *Tractatus* theologicus de Gratia Christi. — 1781, 1 v in-4º.

100 SARPI (Paul), *Concile de Trente* (Histoire du), traduite de l'Italien. — Troyes, Pierre du Ray, 1627, 1 v in-4º.

101 — *Concile de Trente* (Histoire du), traduite par M. Amelot de la Houssaye. — Amsterdam, Blaeu, 1686, 1 v in-4º.

102 SIMON (Richard), *Histoire* critique du nouveau Testament. — Rotterdam, Reinier Leers, 1689, 3 v in-4º.

103 SOTOMAIOR, *Index* Prohibitorum et expurgandorum novissimus. — Madriti, ex typographæo Didaci-Diaz, 1667, 1 v in-fol.

104 TERTULLIANUS (Quint. Sept. Flor.), *Opera.* — Parisiis, 1608, 1 v in-fol.

105 THEOPHYLACTUS, archiep. Bulgariæ, *In omnes divi Pauli epistolas.* — Coloniæ, impensis Petri Quentel, 1527, 1 v in-4º.

106 THÉRÈSE (Sainte), *Les Œuvres....,* de la traduction de M. Arnaud d'Andilly. — Paris, Pierre Lepetit, 1671, 1 v in-4º.

107 THOMAE (S.), aquinatis, doctoris angelici, *Opuscula* omnia. — Parisiis, apud Guill. Pele, 1634, 1 v in-fol.

108 — *Summa.* — Parisiis, sumpt. Gab. Cramoisy, 1663, 1 v in-fol.

109 — *Summa philosophica*. — Lugd. Jullieron, 1648, 1 v in-fol.

110 THUILLIER (R. P.), *Diarium*, Patrum, Fratrum et Sororum,
ordinis Minimorum. Provinciæ Franciæ. — Parisiis, apud
Petrum Giffard, 1709, 2 v in-4º.

111 TIRINUS (R. P. Jacobus), *Commentarius* in sacram Scripturam.
— Lugduni, sumpt. Joannes Girin, 1678, 1 v in-fol.

112 *Traitez* des droits et libertez de l'Eglise gallicane. Paris,—
chez Pierre Chevalier, 1612, 1 v in-4º.

SECTION II. — JURISPRUDENCE.

1 *Codes français* (les), annotés par MM. TEULET, D'AUVILLERS et
SULPICY. — Paris, F. F. Patris, 1843, 2 v. in-4º.

2 *Codes Napoléon*, par Napoléon BACQUA. — Paris, Durand,
1853. 1 v. g. in-18.

3 COMPAIGNE-BERTRAND, *La Science* des Juges criminels, tem-
porels et ecclésiastiques. — Lyon, Larivière, 1656, 1 v. in-8º.

4 CORMERIUS, *Codex*. — Lugd., Cardon, 1 v. in-fol.

5 HENRYS (Claude), *Plaidoyers*, Arrêts et Harangues. — Paris,
vᵉ Pepinge, 1658, 1 v. in-4º.

6 — *Recueil* d'Arrests remarquables donnez en la cour de Par-
lement de Paris. — Paris, Dallin, 1662, 2 v. in-fol.

7 KLIMRATH (Henri), Travaux sur l'histoire du *Droit français*.
— Paris, Joubert, 1843, 2 v. in-8º.

8 MASUERIUS, *Pratica* Forensis. — Parisis, Marnef, 1548, 1 v.
in-8º.

9 MERLIN, *Recueil* alphabétique des Questions de Droit. —
Paris, Garnery, 1827, 8 v. in-4º.

10 — *Répertoire* universel et raisonné de jurisprudence. —
Paris, Garnery, 1827, 18 v. in-4º.

11 PAPA (J.-V. Guidonus), *Decisiones* Senatus Delfin. — 1 v. in-fol.

12 PAPON (Estienne), conseiller du Roy, lieutenant-général cri-
minel au baillage et comté de Forest, *Commentaires* sur la
Loi si unquam G. de reuocand. Donat. — Paris, Nicolas
Buon, 1604, 1 v. in-4º.

13 PAPON (Jean), lieutenant-général au bailliage de Forest et
maistre des requestes de la Royne mère du Roy, *Recueil*
d'Arrests notables sur les cours souueraines de France. —
1585, 1 v. in-fol.

14 — *Les Trois Notaires*. — Jean de Tournes, 1568 à 1578, 3 v. in-fol.

15 — *In Borbonias Consuetudines Commentaria*. —Lugd., apud Joan. Tornaesium, 1560, 1 v. in-fol.

16 PORTALIS (J.-Etienne-Marie), Discours, Rapports et Travaux inédits sur le *Code civil*. — Paris, Joubert, 1844, 1 v. in-8°.

17 *Rapport* et Avis de la Commission d'enquête du *Chemin de fer de Saint-Etienne à Lyon*, Documents législatifs sur les chemins de fer.—Saint-Etienne, imp. de Gonin, 1836, 1 v. in-4°.

18 *Style* (le) de la Juridiction royale establie en la ville de Lyon. — Paris, Ant. Vitré, 1657, 1 v. in-4°.

19 TALON, Traité de l'autorité des Rois touchant *l'Administration de l'Eglise*. — Amsterdam, D. Pain, 1700, 1 v. in-12.

20 *Traité* des Droits honorifiques des Seigneurs et Eglises, 9me édition. — Paris, Guignard, 1655, 1 v. in-4°.

21 *Traité* du Délit commun et Cas privilégiés, par B. M. C., 1611, 1 v. in-8°.

SECTION III. — SCIENCES ET ARTS.

1 *Académie des Sciences.* — Comptes-rendus hebdomadaires, commencement à l'année 1835, tomes de 1 à 22 (1846). — Paris, Bachelier), 22 v. in-4º.

2 — Mémoires de l'Académie des Sciences de l'Institut de France, —- commencement à l'année 1832, tomes 11, 12, 13, 14, 15, 16, 17, 18, 19 (1845). Paris, Didot, 9 v. in-4º.

3 — Mémoires présentés par divers savants à l'Académie des Sciences, commencement à l'année 1832. Paris, imp. roy., tomes 3, 4, 5, 6, 7, 8, 9, 9 v. in-4º.

4 *Académie royale des Sciences morales et politiques.* — Mémoires. Commencement à 1837. Paris, Didot, 2ᵐᵉ série, tomes 1, 2, 3, 4, 4 v. in-4º.

5 — Mémoires des savants étrangers, commencement à l'année 1841. Paris, Didot, tome 1, 2, 2 v. in-4º.

6 AELIANI (Claudii), de *Animalium natura.* — Coloniæ Allobrogum, Philippum Albertum, 1616, 1 v. in-16.

7 AGRICOLÆ (Rodolphi), De *Inventione Dialectica,* libri tres. Lugd., Vicentius, 1639, 1 v. in-8º.

8 AGRIPPÆ (Henrici), De *Incertitudine et vanitate Scientiarum et Artium* (sans date), — et dans le même vol. De *occulta Philosophia.* Paris, Chriss. Wechelus, 1531, 1 v. in-8º.

9 ALSTEDII (Joan. Henr.) *Scientiarum omnium Encyclopedia.* — Lugd. Huguetant. Tomus tertius et tomus quartus, 1649, 1 v. in-fol.

10 ALGAROTTI, *le Newtonianisme* pour les Dames, traduit de l'Italien par Duperron de Castera. — Tome 2ᵐᵉ. — Paris, Montalant, 1738, 1 v. in-12.

11 *Annuaire* administratif et statistique du département de la

Loire, publié d'après les ordres de M. le Préfet de la Loire,
— années 1843, 1844, 1845, 1846, 1847, 1851, 1853, 1854,
1855-56. — Montbrison, Bernard, 9 v. in-16.

12 *Annuaire* statistique du département de la Loire, publié par
ordre de M. Ducolombier, préfet. — Année 1809, Montbrison, Cheminal, 1 v. in-8°.

13 *Appel* aux habitants de l'Europe sur l'Esclavage et la Traite
des Nègres, par la Société religieuse des Amis, de la Grande-
Bretagne. — Paris, Firmin Didot, 1839, 1 v. in-8°.

14 ARAGO, *Leçons* d'Astronomie, professées à l'Observatoire, recueillies par un de ses Elèves. Planches. — 3me édition, 1840,
1 v. in-12.

15 ARCET (D') et DE PUYMAURIN, *Recherches* sur les substances que
renferment les os. — Paris, Mme Huzard, 1829, 1 v. in-8°.

16 *Archives* des découvertes et inventions nouvelles faites dans
les sciences, etc., pendant 1839. — Paris, Treuttel et Würtz,
1841, 1 v. in-8°.

17 *Archives* des missions scientifiques et littéraires. — Paris,
Imp. imp. 1er, cahier 1849, in-8°.

18 ARISTOTELES, De *Moribus* quæ Ethica nominantur libri decem,
Joachimo Peronio interprete. — Paris. Dionysius a Prato,
1582, 1 v. in-4°.

19 — *De Natura* aut Rerum Principis libri VII, Peronio interprete. — Duaci, ex off. Bogardi, 1576, 1 v. in-4°.

20 — *Logica*, ab eruditissimis hominibus conversa, — Lut. ex
off. M. Vascosani, 1555, 1 v. in-4°.

21 — *Operum* Tomus I. — Aurel. Allobrogum; P. de la Roviere,
1607, 1 v. in-8°.

22 — *Opcrum* Tomus II. — Authore G. du Vallio, — 1 v. in-fol.

23 — *Physicorum*, Libri VIII. Tomus secundus. — Lugd. Berjon,
1580, 1 v. in-16.

24 — *Opera* quæcumq. impress., par D. Eras. — Basileæ Io. B.
et Mich. Ising (grec), 1539, 4 v. in-fol.

25 — ARNOLDIIS *Opera*. — Argentinæ, ex off. B. Pistoris, 1541,
1 v. in-8°.

26 *Artiste* (l'), Journal des beaux-arts et de la littérature, sous la
direction de M. A.-H. Delaunay, avec grav. et lithographies,
1er et 2me semestre 1841, 1er semestre 1842. — Paris, Lacrampe, grand in-4°, 3 vol.

27 *Ballets* des anciens et modernes, selon les règles de théâtre. Paris, Guignard, 1682, 1 v. in-12.

28 BAUDE (le baron J.-J.), *de l'Isthme de Suez.* — Paris, Claye, 1855, 1 v. in-8°.

29 BAUDRIMONT, docteur en médecine. *Traité* de chimie générale et expérimentale. — Paris, Baillière, 1846, 2 v. in-8°.

30 BECQUEREL, *Traité* expérimental de l'électricité et du magnétisme. — Paris, Firmin Didot, 1843, 7 v. in-8°.

31 BELLEGARDE (l'abbé DE), Les *Règles* de la vie civile. — Lyon, Baritel, 1743, 1 v. in-12.

32 BERGE (DE LA), MONNERET et FLEURY, *Compendium de médecine pratique.* — Paris, Bechet, 1837-42, 8 v. in-8°.

33 BERGERON, *Projet* de jonction du Rhône et de la Loire, — Lyon, 1839, 1 v. in-8°.

34 BERNARD (Th.), *Dictionnaire mythologique.* — Paris, Didot, 1846, 1 v. in-12.

35 BERNARDINUS D'ANDRÉE (le R. P.) antiqua priscorum Hominum Philosophia. — Lugd., Deville, 1694, 2 v. in-12

36 BERNIER, *Abrégé* de la Philosophie de Gassendi. — Lyon, Anisson, tome VIII, 1687, 1 v. in-12.

37 BEUDANT, *Traité de minéralogie.* — Paris, Verdière, 1830, 2 v. in-8°.

38 BLANCHARD-BOISMARSAS, *Itinéraire* de l'Ami des Arts. — Paris, imp. Le Normant, 1821, 1 v. in-8°.

39 BLANQUI aîné, *Histoire de l'Economie politique* en Europe. — Paris, Guillaumin, 1842, 2 v. in-8°.

40 BOETHII (An. M. S.), *Opera.* Lib. V, 1 v. in-fol.

41 BOURNON (DE), *Essai* sur la Lithologie des environs de Saint-Etienne en Forez, 1785, 1 v. in-8°.

42 BOUSQUET (J. B.), *Traité* de la Vaccine. — Paris, Baillière, 1833, 1 v. in-8°.

43 *Budget* à la portée de tout le monde, par C. F., laboureur et vigneron de la Côte-d'Or. — Dijon, Decailly, 1849, 1 v. in-12.

44 BUFFON, *OEuvres* complètes, avec 300 vignettes. — Edition Adam. — Paris, imp. Everat, 1835, 6 v. grand in-8°.

45 BURAT (A.), *Description* de quelques gîtes métallifères de l'Algérie, etc. — Paris, Langlois et Leclercq, 1846, 1 v. in-8°.

46 *Cabinet* de Paignon-Dijonval, rédigé par M. Bernard, peintre
et graveur.' — Paris, 1810, 1 v. in-4°.

47 CALLET (Aug.), *Etudes* morales. — Paris, Méquignon, 1851,
1 v. in-12.

48 *Caractères* (les) de l'homme sans passions, selon le sentiment
de Sénèque. — Paris, Augustin Besoigne, 1682, 1 v. in-12.

49 CARDANUS (Hieron.), *De Subtilitate*, libri XXI, 1 v. in-8°.

50 CASAUBAUNI (Isaaci) *animadversium* in Athen. Dipnosophistus,
lib. 15. — Lugd., apud Vid. Ant. de Narsy, 1621, 1 v. in-fol.

51 CASSINI, Eléments d'astronomie. — Paris, imp. roy., 1740,
1 v. in-4°.

52 — *Tables astronomiques.* — Paris, imp. roy., 1740, 1 v. in-4°.

53 CASTANÆUS, Celebriorum Distinctionum philosophicarum *Sy-*
nopsis. — Lugd., Batav. Wingarden, 1645, 1 v. in-8°.

54 CASTIL-BLAZE, *Molière, musicien.* — Paris, Castil-Blaze, 1852,
2 v. in-8°.

55 CAVÉ (Mme), *Dessin* sans maître, avec pl., 2 v.

56 CHAMBRE (DE LA), les *Caractères* des Passions, vol. IIme, IIIme,
IVme et dernier. — Paris, P. Rocolet, 1660-63, 3 v. in-4°.

57 — *Le système de l'âme,* — Paris, Jacques Dallin, 1664, 1 v. in-4°.

58 CHANTEREINE, *De l'Education d'un Prince.* — Paris, Savreux,
1670, 1 v. in-12.

59 CHENEVIÈRES (Ph. DE), *Archives* de l'art français. — Paris,
Dumoulin, 1851-53, in-8°, 22 livraisons.

60 CHEVALIER (Michel), *Hist. et description* des voies de communi-
cation aux Etats-Unis. — Paris, Gosselin, 1840, 3 v. in-4°
et atlas.

61 CHOKIER DE SURLET, *Tractatus de Senectute.* — Lodii, Leonar-
dus, 1647, 1 v. in-4°.

62 *Civilité* (la) française, ou Traité du Point-d'honneur et des règles pour converser et se conduire avec les incivils et les
fâcheux. — Paris, Josses, 1675, 1 v. in-12.

63 CLARAC (le comte DE), conservateur du musée des antiques,
au Louvre, *Manuel de l'histoire de l'art.* — Paris, Renouard,
1850, 3 v. in-12.

64 — *Musée* de Sculpture antique et moderne, — Description historique et graphique du Louvre. — Imp. nationale, 1832-
1850, 17 liv. texte et pl.

65 CLAUBERGIUS, *Initiatio* Philosophi, sive dubitatio Cartesiana.
— Lugd., Batav. Wingaerden, 1655, 1 v. in-12.

66 CLAVII, Bambergensis, *Algebra*, — Aurelianæ Allobrogum, Steph. Gamonetus, 1609, 1 v. in-4°.

67 CLÉMENT (M. F.), *Eucologe* en musique. --Paris, 1849, 1 v. in-18.

68 *Compte général de l'administration de la Justice criminelle* en France, depuis l'année 1835 jusqu'à 1854. — Paris, imp. du Gouvernement, 20 v. in-4°.

69 *Compte général de l'administration de la Justice civile et commerciale* en France, depuis les années 1837,-38,-39 jusqu'à 1854, 15 v. in-4°.

70 *Congrès scientifique de France,* IXᵐᵉ session, tenue à Lyon en 1841. — Lyon, Boitel, 1842, 2 v. in-8°.

71 CORNUTI, De natura Deorum Gentilium *Commentarius*. — Basileae, p. in-12.

72 *Cours de chimie* (suite du nouveau), manque le titre, 1 v. in-12.

73 CROIX (DE LA), *nouvelle Méthode* pour apprendre facilement la géographie universelle. Tomes 1ᵉʳ et 4ᵐᵉ. — Lyon, Barbier, 2 v. in-12.

74 *Culture des fleurs.* — Bourg, Ravoux, 1692, 1 v. in-12.

75 DELARBRE (A.), *Flore* de la ci-devant Auvergne. — Riom et Clermont, Landriot, 1800, 2 v. in-8°.

76 DESCARTES, *Discours de la méthode* pour bien conduire sa raison et chercher la vérité dans les sciences, — plus la Dioptrique et les Météores. — Paris, Théod. Girard, 1668, 1 v. in-4°.

77 — *Meditationes* de prima Philosophia. — Amstelod., apud Daniel Elzevirium, 1678, 1 v. in-4°.

78 — *Méditations* métaphysiques touchant la première philosophie, traduites de l'auteur par M. le D. L. N. S. — Paris, vᵉ Camusat, 1647, 1 v. in-4°.

79 *Dictionnaire technologique,* ou nouveau Dictionnaire universel des arts et métiers. — Paris, Thomine et Fortic, 1821-35, 22 v. in-8°, pl.

80 DIDEROT et D'ALEMBERT, *Encyclopédie.* — Genève, Pellet, 1777, 36 v. in-4°.

81 DIOSCORIDES, *De Materia Medica.* — Paris, apud S. Colinœum, 1537, 1 v. in-8°.

82 *Discussion* complète de l'adresse, dans les deux chambres, session de 1841. --Paris, Fleury, décembre 1840, 1 v. g. in-8°.

83 DUCHESNE, *Selectæ Dissertatione*s Physico-mathematicæ. — Paris, Lesselin, 1647, 1 v. in-4°.

84 DUCROTOY DE BLAINVILLE, Cours de Physiologie générale et comparée. — Paris, Rouen frères, 1829-39, 40 liv.

85 DUGUET (l'abbé), *Institution d'un Prince,* — nouv. édition, avec la vie de l autheur. — Londres, Jean Nourse, tomes Ier, II^{mo}, IVme, 1740-43, 3 v. in-12.

86 DULAC (ALLÉON), *Mémoire* pour servir à l'histoire naturelle des provinces du Lyonnais, Forez, Beaujolais. — Lyon, Cizeron, 1765, 2 v. in-8°.

87 DUPLEIX (Scipion), *Corps de Philosophie.* — Rouen, Lourdet, 1638, 1 v. in-8°.

88 DUPLESSY (J.) sous-préfet de Nantua, ancien secrétaire-général de la Loire, *Essai* statistique sur le département de la Loire. — Montbrison, Cheminal, 1818, 1 v. in-12.

89 *Ecole des Arpenteurs* (l'). — Paris, Thomas Mœtte, 1689, 1 v. in-8°.

90 *Encyclopédie du Commerçant,* Dictionnaire des marchandises. — Paris, Guillaumin (avec cartes), 1841, 2 v. in-8°.

91 *Enquête* sur les Fils de laine longue et peignée. — Paris, imp. roy., 1837, 1 v. in-4°.

92 *Enquête* sur les Fils de Tissus de chanvre et de lin. — Paris, imp. roy., 1838, 1 v. in-4°.

93 *Enquête* sur les sucres. — Paris, imp. roy., 1829, 1 v. in-4°.

94 EUCLIDE, *Les Eléments,* traduits du latin en françois, par D. Henrion. — Rouen, Malassi, 1649, 1 v. in-8°.

95 *Exposition,* — *Rapport* du Jury central, sur les Produits de l'Industrie française, 1819-1823. — Imp. roy., 2 v. in-8°.

96 FAVROT (Charles), *Traité* élémentaire de Physique, Chimie. — Paris, Bechet, 1841, 2 v. in-8°.

97 — *Traité* élémentaire d'Histoire Naturelle, pharmaceutique et médicale. — Paris, Labbé, 1843, 2 v. in-8°.

98 FÉLIBIEN, *Entretiens* sur les viés et les ouvrages des plus excellents Peintres anciens et modernes. — Paris, Simon Bernard, 1696, 2 v. in-4°.

99 FERNELIUS (Joannes), *Therapeutices* universalis. — Lugd. Batavorun, ex officina Hackii, 1644, 1 v. in-8°.

110 FONFRÈDE, *Œuvres* (de) recueillies par Campan. — Bordeaux, Chaumas-Gayet, 1844-47, 10 v. in-8°.

101 FONSECA, *Institutionum* Dialecticarum libri oct. — Lugd., apud Joannem Pillehotte, 1609, 1 v. in-8°.

102 FONTANUS, *Opera*. — Colon. allob. Chouet, 1612, 1 v. in-4°.

103 FOURIER (Charles), *Théorie de l'Unité universelle*. — Paris,
— et Besançon, imp. de Sainte-Agathe, 1843, 4 v. in-8°.

104 FOURNEL (Henri), *Mémoire* sur les Canaux souterrains et sur
les Houillères de Worsley. — Paris, 1842, 1 v. in-4°.

105 — *Richesse minérale* de l'Algérie. — Paris, imp. impériale,
1854, 1 v. in-4°.

106 GANILH, ancien député, *Principes d'Economie* politique et de
finances. — Paris, Levrault, 1835, 1 v. in-8°.

107 GARELLA (Napoléon), *Etude sur le Bassin houiller* de Grais-
sessac (Hérault). — Texte et planches. — Paris, vᵉ Dondey
Dupré, 1843, in-fol.

108 GASSENDUS (Petrus) *Epicuri Philosophia, Meteorologia, Ethica*.
— Lugd. apud Guill. Barbier, 1649, 3 v. in-4°.

109 GERARD, La *Philosophie* des Gens de cour. — Paris, Est.
Loyson, 1681, 1 v. in-12.

110 GILBERTUS, *Tractatus*, sive Philosophia nova de Magnete. —
Sedini, 1633, 1 v. in-4°.

111 GODDÉ (Jules), *Catalogue* relatif aux Arts. — Paris, 1850,
1 v. in-4°.

112 GOLDMAN (Nicolas), *Principes de Fortifications*, planches,
1 v. in-fol.

113 GUERIN-MENEVILLE, *Revue et Magasin de Zoologie* pure et appliquée. — Paris, 1849 à 1855, in-8°.

114 HARTZOEKER (Nicolas), *Essay de Dioptrique*. — Paris, chez
Jean Anisson, directeur de l'Imp. roy., 1694, 1 v. in-4°.

115 HEDDE (Isidore), *Aperçu sur l'Etat de l'Astronomie* en 1832.
— Saint-Etienne, Boyer, 1832, 1 v. in-8°.

116 — *Description des Produits divers de la Chine*, recueillis dans
un voyage en Chine, par Isid. Hedde, délégué du Ministère
de l'Agriculture et du Commerce, de 1843 à 1846. — Saint-
Etienne, imp. de Théolier, 1848, 2 v. in-8°.

117 HENNIN, *Manuel de Numismatique* ancienne. — Paris, 1830,
2 v. in-8°.

118 HEURTIER, conseiller d'Etat, directeur général de l'Agriculture et du Commerce, *Rapport* au nom de la Commission
chargée d'étudier les différentes Questions qui se rattachent
à l'Emigration européenne. — Paris, imp. impériale, 1854,
1 v. in-8°.

119 Hippocrates, *Coaca Praesagia*, authore Lud. Ferrant. — Paris, Paquet, 1657, 1 v. p. in-12.

120 Hollerius (Jacobus), *in Aphorismos Hippocratis Comment.* — Genevæ, Chouët, 1632, 1 v. in-8°.

121 Horroccii (Jeremiæ) *Opuscula astronomica.* — Londini, Rob. Scott, 1673, 1 v. in-4°.

122 *Intérêts et Maximes des Princes et des Estats souverains.* — Cologne, chez Jean du Païs, 1673, 1 v. in-12.

123 Jacquot (E.), Ingénieur au Corps royal des Mines, *Etudes géologiques* sur le bassin houiller de la Sarre. — Paris, imp. impériale, 1853, 1 v. in-8°.

124 Jaubert (Le comte) et Spach (E.), *Illustrationes Plantarum orientalium.* — Paris, Roret, 1842, pl.

125 Jonston (Joh.), *Universae Medecinae praticae Idea.* — Paris, 1 v. in-8°.

126 Juigné (D. de), *Dictionnaire* Historique, Poétique, Géographique et Chronologique, 1 v. in-4°.

127 Krasinski (Le comte Corvin), *Essai sur le maniement de la Lance.* — Paris, imp. de Cordier, 1811, 1 v. in-4°.

128 Lactantii, *De Opificio Dei.* — Parisiis, apud Simon. Colin., 1529,

    Ensemble dans le même volume :

129   Alcinoï, *De Doctrina Platoni.* — Parisiis, apud Michaelem Vascosa, 1533,

130   Xenocrates, *De Morte*, latin et grec,   1 v. in-8°.

131   Iacob. Fab. Stap., Introd. in Ethicen,

132   Manuscrit, extraits de Pic de la Mirandole,

133   *De Generibus vestitu Libellus,* cum latina et gallica interpretatione, authore Iunio Rabirio. — Parisiis, ex officina R. Stephani, 1534,

134 Laplace, *OEuvres* de. — Paris, imp. roy., 1843 à 1847, 7 v. in-4°.

135 Lamy (le R. P. Bernard), *Eléments de Géométrie.* — Paris, 1685, 1 v. in-8°.

136 Laurens (André du), *Histoire anatomique.* — Lyon, Rigaud, 1631, 1 v. in-8°.

137 Leblanc, *Recueil des Machines*, etc. Cahiers texte et planches.

138 Lecoq, *Eléments de Géologie et d'Hydrographie.* — Paris, Baillière, 1838, 2 v. in-8°.

139 LEROY-D'ÉTIOLLES, Examen du Rapport sur la question de la *Dissolution du calcul des Voics urinaires*. — Paris, Baillière, 1839, 1 v. in-8°.

140 LEMONNIER, *Cursus Philosophicus*. — Parisiis, Genneau, 1750, 6 v. in-12.

141 LEZARDIÈRE (Mlle de), *Théorie des Lois politiques de la Monarchie française*. — Paris, Comptoir des Imprimeurs unis, 1844, 4 v. in-8°.

142 LIEBIG (Justus), *Traité de Chimie organique*, traduction de M. Charles de Gerhardt. — Paris, Fortin-Masson, 1840-44, 3 v. in-8°.

143 LUCAS (Ch.), De la *Réforme des Prisons*. — Paris, Legrand, 1838, 3 v. in-8°.

144 LULLUS (Raymondus), *Artificiosa Ratio et Via circularis*, etc. — In Colegio salicetano, 1646, 1 v. in-8°.

145 MAGNÉ (J. H.), *Traité d'Hygiène vétérinaire appliquée*, — Paris, Labé, 1844, 1 v. in-8°.

146 MAIGNAN, *Cursus Philosophicus*. — Tolosæ, apud Bosc, 1653, 4 v. in-12.

147 *Maison rustique du XIXme Siècle*, Encyclopédie d'Agriculture pratique, sous la direction de M. C. BAILLY. — Paris, imp. de Decourchant, 1838, 4 v. in-8°.

148 MALEBRANCHE, *Réflexions sur la Prémotion physique*. — Paris, David, 1715, 1 v. in-12.

149 MALTHUS, *Essai sur le Principe de la Population*, traduit de l'anglais, par MM. P. et G. Prévost, précédé d'une Introduction, par M. Rossi. — Paris, Guillaumin, 1845, 1 v. in-8°.

150 MANÈS, ingénieur en chef des mines, *Mémoire sur les Bassins houillers de Saône-et-Loire*, texte in-4°, Atlas.

151 MARTEL, *Essai sur le Catarrhe pulmonaire*, Thèse. — Paris, Didot jeune, 1820, 1 v. in-4°.

152 MAUNY DE MORNAY (DE), Rapport sur la *Pratique et la Législation des Irrigations dans l'Italie*, etc. — Imp. roy., 1844, 1 v. in-8°.

153 *Mémoires pour servir à l'Histoire des Sciences et des Beaux-Arts*, recueillis par ordre de Son Altesse Sérénissime Mgr. le Prince souverain de Dombes. — Trévoux, de l'imp. de S. A., 1702, 1 v. in-12.

154 MENESTRIER (Le R. P. C. François), *Art du Blason* justifié.
— Lyon, Benoist Coral, 1661, 1 v. in-12.

155 — La *Nouvelle Méthode raisonnée du Blason*. —Lyon, Bruyset.
1761, 1 v. in-12.

156 — *Origine des Ornements des Armoiries*. — Paris, pour T.
Amaulry, 1680, 1 v. in-12.

157 MERCEY (Le chevalier DE), *Traité* d'HIPPOCRATE *des Plaies de
tête, des Fractures*, etc. — Paris, Bechet, 1832, 1 v. in-12.

158 MERCURIALIS, *Tractatus varii de Re Medica*. — Lugd., Sumpt.
Philleotte, 1618, 1 v. in-4º.

159 MIGNERET, *Essai sur l'Administration municipale des Romains*.
— Paris, De la Motte, 1846, 1 v. in-8º.

160 MIRABEAU (Le comte DE), *Système militaire* de la Prusse, et
Principes de la tactique actuelle des Troupes les plus per-
fectionnées. — Londres, 1788, 1 v. in-4º.

161 MOLÉON (V. DE), *Collection de Rapports* généraux sur les Travaux du Conseil de Salubrité, de 1802 jusqu'à 1826. — Paris, vᵉ Huzard, 1830, 1 v. in-8º.

162 *Modestie* (De la) *des Femmes et des Filles chrétiennes* dans leurs
habits. — Lyon, Plaignard, 1687, 1 v. in-12.

163 MONTAIGNE (Michel Seigneur DE), *Les Essais*. — Paris, Aug.
Courbe, 1652, 1 v. in-fol.

164 MARAWSKI, *Totius Philosophiæ Principia*. — Posnaniæ, typis
S. M. R. Collegii Posnan. Soc. Jesu 1687, 1 v. in-12.

165 MORUS (Thomas), *Utopie*, traduction de J. VINCENT, 1ʳᵉ li-
vraison, Saint-Etienne, Janin, 1832, 1 v. in-8º.

166 MYDORGE (sieur de la Maillarde), *Examen du Livre des Ré-
créations mathématiques* et de ses Problêmes en Géométrie,
Mechanique, Optique et Catoptrique. — Paris, Rolet, 1638,
1 v. in-8º.

167 NAPOLÉON III, *Œuvres* de l'Empereur Napoléon III. — Paris,
Amyot, 1856-57, 4 v. in-8º.

168 NELLANO O GLACAN, *Cursus medici*. — Bononiæ, typis Feronii,
1653, 1 v. in-4º.

169 NOLHAC (J.-B.-M.), *De la Hache* sculptée au haut de plusieurs
Monuments funèbres antiques, et des mots *Sub asciâ dedi-
cavit* ou *dedicaverunt*. — Lyon, Perisse et Giberton, 1840,
1 v. in-8º.

170 PARISEL (L. V.), *Aperçu sur l'Assainissement de Lyon*. —
Lyon, Pelagaud, 1840, 1 v. in-8º.

171 — De l'*Embaumemeut du Cœur*, de M. Vuillierme. — Lyon, Rossary, 1835, 1 v. in-8°.

172 — *Essais chimiques* sur la Racine de Pyrêtre. — Paris, Ducessois, 1833, 1 v. in-8°.

173 — *Moyens préservateurs* et Remèdes employés avec le plus de succès à Paris, en 1832, *contre le Choléra*. — Lyon, Boitel, 1835, 1 v. in-8°.

174 — *Notice historique et médicale* sur l'Hôtel-Dieu de Lyon. — Lyon, Pelagaud, 1839, 1 v. in-8°.

175 — *Statistique minéralogique* du département du Rhône. — Lyon, Pelagaud, 1838, 1 v. in-8°.

176 PASCAL, *Les Provinciales*. — Cologne, chez P. Lavallée, 1657, 1 v. in-4°.

177 — *Les Provinciales*. — Cologne, N. Schoute, 1659, 1 v. in-8°.

178 PÉCLET, *Traité de la Chaleur*. — 2me édition. — Paris, Hachette, 1843, 2 v. in-4°.

179 PERSON (C.-C.), *Eléments de Physique*. — Paris, Germer-Baillière, 1836-41, 2 v. in-8°.

180 PETIT, *Dissertations académiques* sur la nature du Froid et du Chaud. — Paris, de Varennes, 1671, 1 v. in-12.

181 PEYRET (Alphonse), *Statistique industrielle du département de la Loire*. — Saint-Etienne, Delarue, 1835, 1 v. g. in-8°.

182 PICCOLOMINEUS, *Naturae totius uniuersi Scientia*. — Francofurti, Sumpt. Schleichii, 1 v. in-8°.

183 — *Philosophia de Moribus*. — Venetiis, apud Franciscum Senensem, 1594, 1 v. in-fol.

184 PIERIUS-VALERIANUS, *Hyerogliphica*. — Ludg. Frellon, 1610, 1 v. in-fol.

185 PIERRE (Abbé DE SAINT), *Projet* de Traité pour rendre la Paix perpétuelle entre les Souverains chrétiens, et pour rendre toujours le Commerce libre entre les Nations. — Utrecht, Schouten, 1716, 1 v. in-12.

186 PLATO, *Opera* (texte grec). Basileæ, per Henrichum Petrum, 1556, 1 v. in-fol.

187 — *Opera omnia*, ex latina Marsilii Ficini Versione. Lugd. Sumpt. Jacobum Stœr. — Tomes I et III, 1592, 2 vol. in-fol.

188 PLOTINI, divini illius e Platonica Familia Philosophi, *De Rebus Philosophicis*, libri LIV. — Basileæ, apud Pernam, 1559, 1 v. in-fol.

189 PLUTARQUE, Les *Œuvres morales et meslées.* — De l'imp. de
    Stœr, 1604, 1 v. in-fol.

190 POMPONATIUS, *Doctrina.* — Basileæ, ex off. Henrich Petrina,
    1567, 1 v. p. in-8°.

191 PONCET (P. Jh.), *Observations sur les causes de l'Insalubrité
    d'une partie de la Plaine du Forez.* — Montbrison, 1828,
    1 v. in-8°.

192 — *Recherches sur le Choléra morbus* et sur les moyens de le
    prévenir. — Montbrison, Cheminal, 1832, 1 v. in-8°.

193 PORTA (Io. Bapt.), *Magiæ naturalis*, libri vigenti. — Ro-
    thomagi, Sumpt. Joannis Berthelin, 1650, 1 v. in-8°.

194 PRIEUR (L.-J.-L. LE), L'*Homme considéré dans ses Rapports
    avec l'Atmosphère.* — Paris, Lerouge, 1825, 2 v. in-8°.

195 *Procès-Verbaux et Rapports* des Commissions d'Afrique. —
    Paris, imp. roy., 1834, 3 v. in-4°.

196 QUERCETANUS, *Diæteticon Polyhistoricon.* — Colon. Allob.
    David Anastasius, 1607, 1 v. in-12.

197 *De Ortu Infantium contra Naturam,* per Sectionem Cæsaream.
    — Lugd., Boissat, 1637, 1 v. in-8°.

198 — *Pharmacopœa* Dogmaticorum restituta. — Paris, Morellus,
    1607, 1 v. in-8°.

199 —*Pestis alexiacus.*—Impens., Thom. Schureri,1600,1v. in-8°.

200 — *De Priscorum Philosophorum veræ Medecinae Materia.* —
    Impens. Schureri, Lipsiæ, 1613, 1 v. in-8°.

201 RACZYNSKI (Le comte), *Les Arts en Portugal.* — Paris, J. Re-
    nouard, 1846, 1 v. in-8°.

202 *Rapport au Roi,* sur les *Caisses d'Épargne* en 1841, 1843,
    1 v. in-4°.

203 REATINUS, *Aquarum Natura et Facultates.* — Francofurti,
    Beyer, 1 v. in-8°.

204 *Réflexions sur les Mémoires pour les Ambassadeurs.* — Ville-
    franche, P. Petit, 1677, 1 v. p. in-12.

205 RÉGIS (P. S.), *Système de Philosophie.* — Lyon, Anisson,
    tomes 1, 2, 4, 5, 6, 7, 6 v. in-12.

206 REGNIER, L'*Orgue.* — Nancy, 1850, 1 v. in-8°.

207 RENDU (Ambroise), Essai sur l'*Instruction publique,* et parti-
    culièrement sur l'Instruction primaire. — Paris, Égron,
    1849, 3 v. in-8°.

208 RÉNÉ (François), *Essai des Merveilles de la Nature.* —
    Rouen, Osmont, 1624, 1 v. in-4°.

209 RENOLÆUS (J.), *Dispensatorium Medicum*. — Genevæ, Stoer, 1623, 1 v. in-8°.

210 *Réponse à l'Ecrit intitulé du Syrmaisme*. — Lyon, imp. de Brunet, 1826, 1 v. in-8°.

211 REYBAUD (L.), *Etudes sur les Réformateurs ou Socialistes modernes*. — Paris, Guillaumin, 1844, 2 v. in-8°.

212 RICHARD (Achille), *Nouveaux Eléments de Botanique et de Physiologie végétale*, 6me édition. — Paris, Bechet, 1838, 1 v. in-8°.

213 RICHARD DE LA PRADE, *Analyse et Vertus des Eaux minérales du Forez*, et de quelques autres Sources. — Lyon, 1778, 1 v. in-12.

214 RICHARD DE LA PRADE (Jacques) fils du précédent, *Opuscules divers*, 1 v. in-8°.

215 RHODES (R. P. Georgii DE), *Philosophia Peripatetica*. — Ludg., Huguetant, 1680, 1 v. in-8°.

216 RIVERII (Lazarii), *Praxeos medicas*, libri septem posteriores, 1653, 1 v. in-8°.

217 ROHAULT, *Traité de Physique*, 4me édition, tome 1er. — Lyon, Galbit, 1681, 1 v. in-12.

218 RONDELET et BLOUET, *Traité de l'Art de Bâtir*. — Paris, F. Didot, avec atlas, 1847, 6 v. in-4°.

219 RONDELETII (Guilielmi), *Methodus curandorum omnium Morborum*. — Paris, apud Carol. Macæum, 1575, 1 v. in-8°.

220 ROQUE (messire Gilles André de la), *Traité de la Noblesse*. Rouen, Nicolas Boucher, 1710, 1 v. in-4°.

221 ROSSI, *Cours d'Economie politique*. — Paris, Jouben, 1843, 2 v. in-8°.

222 ROUSSEAU (J.-J.), *Discours sur l'Origine et les Fondements de l'Inégalité parmi les Hommes*, 1 v. in-12.

223 ROZIER (L'abbé), *Cours complet d'Agriculture*. — Paris, Marchant, 1793, 10 v. in-4°.

224 SALACROUX, *Nouveaux Eléments d'Histoire naturelle*. — Paris, G. Baillière, 1839, 1 v. in-12.

225 SALLENAYE, *Traité théorique et pratique sur l'Epuisement*. — Bordeaux, Dupuy, 1855, 1 v. in-8°.

226 *Salon de 1849*, par GALIMARD. — Salon de 1850, 1851, 1852, 1853, 1854, par Cl. VIGNON, 4 v. in-12.

227 SAVONNE, l'*Arithmétique*. — Lyon, Huguetant, 1605, 1 v. in-8°.

(26)

228 SAY (J. B.), *Cours complet d'Economie politique pratique.* —
Paris, Guillaumin, 1840, 2 v. in-8°.

229 SAY (J. B.), *Traité d'Economie politique.* — Paris, Guillaumin,
1841, 1 v. in-8°.

230 SCHATTENMANN, Mémoire sur les Expériences de *Cylindrage
des Chaussées* en Empierrement. — Paris, Bertrand, 1844,
1 v. in-8°.

231 SCOTUS, *Philosophiae academicae*, tertia et quarta pars. —
Parisiis, Claud. Frassen, 1668, 1 v. in-4°

232 SÉNÈQUE, Des *Questions naturelles*, 1 v. in-12.

233 — *Œuvres* morales et mêlees, trad. de Goulart, 3 tomes en
1 vol. — Lyon, Rigaut, 1610, 1 v. in-8°.

234 — *Œuvres*, Traduction de Michel Chaluet, 1 v. in-4°.

235 — *Opera*, quæ extant omnia. — Parisiis, apud Jacob du
Pays, 1580, 1 v. in-fol.

236 SEGUY, *Philosophia.* — 1735, 5 v, in-12.

237 SEXTI-EMPERICI, *Opera* quæ extant (texte grec et latin). —
Genevæ, Sumpt. Pet. et Jacobi Chouet, 1621, 1 vol. in-fol.

238 SILHON, De l'*Immortalité de l'Ame.* — Paris, Bilaine, 1634,
1 v. in-4°.

239 SISMONDI (Simonde DE), *Etudes sur l'Economie politique.* —
Paris, Treuttel et Würtz, 1837, 2 v. in-8°.

240 SMITH (Adam), *Recherches sur la Nature et les Causes de la
Richesse des Nations.* — Paris, Guillaumin, 1843, 2 v. in-8°.

241 *Souhaits* (Les) d'un Bonhomme à ses Concitoyens. — Paris,
Balay, 1857, 1 v. in-12.

242 STASSART (Le baron DE), *Œuvres* complètes. — Paris,
Didot, 1855, 1 v. in-8°.

Statistique de la France :

243   *Agriculture*, Produits. — Imp. du Gouvernement, 1837,
1 v. in-fol.

244   *Agriculture*, depuis la publication de 1840, à 1842. —
4 vol. in-fol.

245   *Administration publique*, tomes I et II, 1843-44, 2 vol. in-fol.

246   Archives du Ministère des Travaux publics, *Territoire,
Population*, 1837, 1855, 2 v. in-fol.

247   *Commerce extérieur*, 1838, 1 v. in-fol.

248   *Industrie*, 1847, 1850, 4 vol. in-fol.

249 SUAREZ (R. P. Francisci), *Metaphysicarum Disputationum*,
libri duo. — Parisiis, Menier, 1619, 1 v. in-fol.

250 SUE AÎNÉ (P.), *Histoire du Galvanisme*. — Paris, Bernard,
1802, 4 v. in-8º.

251 SYDENHAM (J.), *Opera* omnia. — Genevæ, apud F. de Tournes,
1696, 1 v. in-8º.

252 *Tableau* des Etablissements français dans l'Algérie, 1845-
1855. — Paris, imp. impériale, 1857, 1 v. in-fol.

253 *Tableau général du Maximum des Denrées* qui se consomment
ordinairement dans l'étendue du district de Boën. — Feurs,
imp. de Magnien, 1793, 1 v. in-8º.

254 TERME, maire de Lyon, — Des *Eaux potables* à distribuer
pour l'usage des Particuliers et le service public. — Paris,
B. Dupont, 1844, 1 v. in-8º.

255 *Théâtre d'Agriculture* et Mesnage des Champs, 1 v. in-4º.

256 THEOPHRASTI PARACELSI (Aurel.), *Opera*, tomus II. — Basileæ,
ex off. Pernæ, 1575, 1 v. in-8º.

257 — *Operum Medico-Chimicorum*, Libri. — Francofurto, 1603-
1605, 2 v. in-4º.

258 TIMPLERUS, *Philosophiae Systema*. — Hanovriæ, apud Guil.
Antonium, 1608, 1 v. in-8º.

259 TITELMANUS, Institutionum Dialecticarum, libri sex. — Paris.,
Audœnus, 1542, 1 v. in-8º.

260 TOLETUS, *Commentaria* cum Questionibus in universam
Aristotelis Logicam, editio tertia. — Lugd, Veyrat, 1598,
1 v. in-8º.

261 ULLACUS, *Trigonometria artificialis*. — Goudae, Rammase-
nius, 1633, 1 v. in-fol.

262 VARILLAS, *La Pratique de l'Education des Princes*. — Paris,
Barbin, 1684, 1 v. in-4º.

263 VAUBAN, *Testament politique* de M. de Vauban, dans lequel
ce Seigneur donne les Moyens d'augmenter considérable-
ment les Revenus de la Couronne, par l'établissement d'une
Dixme royale, et la Suppression des Impôts, sans appré-
hension d'aucune Révolution dans l'Etat. — 1707, 1 v. in-18.

264 VILLENEUVE-BARGEMONT (Le vicomte Alban DE), *Histoire de
l'Economie politique*. — Paris, Guillaumin, 1841, 1 v. in-8º.

265 VUECKERUS (Io. Iacobus), *Antidotarium*. — Basileæ, 1577,
1 v. in-4º.

266 Wailly (Natalis de), *Eléments de Paléographie*. — Paris, imp. roy., 1838, 2 v. in-fol.

267 Wicquefort, l'*Ambassadeur* et ses fonctions. — La Haye, Steucker, 1680, 2 v. in-4º.

268 Willis (Thomæ), *Diatribae duae*, De Fermentationibus, De Febribus, De Urinis. — Londini, 1662, 1 v. in-12.

269 Wolfii, *Elementa Matheseos*. — Genevæ, Gosse, tomes II, III, V, 1756, 3 v. in-4º.

SECTION IV. — BELLES-LETTRES.

1 Abrégé du *Parallèle des Langues françoise et latine*, 1 v. in-4º.

2 ALCIATUS. — *Emblemata*, elucid. Doctissimis Cl. Minoïs comment. — Lugd., Rouilly, 1614, 1 v. in-8º.

3 *Apologie pour M. de Balzac*. — Paris, Morlot, 1627, 1 v. in-8º.

4 ARISTOTE, *Poétique*, trad. en françois. — Paris, Cl. Barbin, 1692, 1 v. in-4º.

5 — *Rhétorique*, en françois. Louis Chamoudry. — Paris, 1651, 1 v. in-4º.

6 *Artiste* (L'), Journal des Beaux-Arts et de Littérature, années 1841-42. — Laris, Lacrampe, 3 v. in-4º.

7 AUBIGNAC (Hedelin abbé D'), *Pratique du Théâtre*. — Paris, Thierry, 1649, 1 v. in-4º.

8 AULU-GELII, *Noctes Atticæ*. — Lugd., apud Seb. Gryphium. 1534, 1 v. in-8º.

9 BAILLET et GIBERT, *Jugements*. — 1685 à 1719, 11 v. in-8º et in-12.

10 *Ballets et Opéras*. — 1682 à 1717, 1 v. in-4º.

11 BALZAC (DE), *Lettres*, 2ᵐᵉ partie. — Rouen, Berthelin, 1645, 1 v. in-8º.

12 — *Lettres familières* à M. Chapelain. — Paris, A. Courbe, 1696, 1 v. in-8º.

13 BARBAN (A.), *Notice sur une Pastourelle* de Louis Papon. — Saint-Etienne, Théolier, 1856, in-8º.

14 BERNARD AÎNÉ, *Ecotay*. — Montbrison, Bernard, 1857, in-8º.

15 BELLARMINI-POLITIANI (Roberti), *Institutiones* Linguæ hebraïcæ. — Genevæ, P. de la Roviere, 1616-1618, 1 v. in-8º.

16 BESCHERELLE, *Grammaire nationale*. — Paris, Simon, 1852, 1 v. in-8º.

17 BOILEAU-DESPREAUX, *OEuvres en prose.* — Amsterdam, chez
les frères Westeim (le tome IV), 1717, 1 v. in-12.

18 — *OEuvres de.....* précédées d'une Notice, par Sainte-Beuve.
Paris, Furne, 1853, 1 v. in-8°.

19 BOILEAU (L'abbé), *Pensées choisies.* — Paris, Guerin, 1708,
1 v. in-12.

20 BONNAFOUS (Norbert), *Etudes sur l'Astrée* et sur Honoré d'Urfé.
Paris, Firmin Didot, 1846, 1 v. in-8°.

21 BOULAY-PATY (Evariste), *Odes.* — Paris, W. Coquebert, 1844,
1 v. in-8°.

22 BOURSAULT, *Lettres nouvelles.* — Amsterdam, D. Pain (tome 1er),
1689, 1 v. in-12.

23 BUDAEI (Gulielmi), *Lucubrationes.* — Basileae, apud Nic.
Episcop. Jun., 1557, 1 v. in-fol.

24 CALEPINI, (Ambrosii), *Dictionarium.* — Lugd., 1588, 1 v. in-fol.

25 CAVALLI, *Scala Parnassi.* — Roth. apud Rom. de Beauvais,
1634, 1 v. in-8°.

26 CEPORINUS, *Compendium* Grammaticæ græcæ. — Parisiis, apud
Sim. Colinœum, 1529, 1 v. in-8°.

27 CERDA (Ludovicus DE LA), *Commentarii in Æneidos* libr.,
2 v. in-fol.

28 CHAPELON (Jean), *OEuvres* complettes. — St.-Etienne, Jourjon,
éditeur; imp. de Mistral, à Lyon, 1820, 1 v. in-8°.

29 CHATEAUBRIAND (Le vicomte DE), *OEuvres* complètes. — Paris,
Lefevre et Ladvocat, imp. de Rignoux, 1830, 19 v. in-8°.

30 CHAULMER, *Magnus apparatus Poeticus.* — Parisiis, apud J.
Henault, 1666, 1 v. in-8°.

31 CICERO (M. T.), *Act. in Verrem,* libri quatuor Priores. —
Parisiis, apud M. Vascosanum
(Et dans le même vol., 1° J. Lodoici STREBÆI,
de *Electione* et Oratoria collocatione Verbo- } 1539, 1 v. in-4°.
rum ; 2° D. A. AUGUSTINI, *Principia Dia-*
lectices),

32 — *Ad Familiares Epistolæ.* Int. et Notis illustravit Ph. Quar-
tier. — Parisiis, apud D. Thierry, 1685, 1 v. in-4°.

33 — *De Officiis :* Amicitia : Senectute et Paradoxis, cum exac-
tissima Explanatione Petri Marsi : « Jod. Badius finit fe-
liciter anno Dni 1499, » 1 v. in-4°.

34 — *De Oratore,* ad Quint. Frat. Dialogi tres, Audomari Talæi
　　Expl. illustrati. — Parisiis, apud C. Perier, 1553, 1 v p. in-4°.

35 — *Epistolarum ad Atticum,* libri XVI, Ejusdem *Epistolarum* ad
　　Q. Frat., libri III, Incerti Auctoris *Epistola* ad Octavium,
　　T. Pomponij Attici Vita per Cornelium Nepotem, ex Em. D.
　　Lambini. — Samuel Crespinus.

36 — *Epist. Famil.* (des premiers caractères rom.), 1 v. in-4°.

37 — *Epist. Famil.* — Lugd., excud. Math. Bonhomme, 1545,
　　1 v. in-8°.

38 — *Epist. Famil.,* libri XVI. — Paris., apud J. de Roigny, 1557,
　　1 v. in-fol.

39 — *Epistolas* (in) q. Familiares vocantur Paulli Manutii Com-
　　mentarius (daté à la Préface signée Aldus Manutius Paulli,
　　F. Aldi, N. Id. Iun. X D LXXIX), 1 v. in-fol.

40 — *Operum,* tomus secundus. — Cura ac dil. Caroli Stephani,
　　1554, 1 v. in-fol.

41 — *Orationes,* cum Comment. P. Nicolai Abrami, 1 v. in-fol.

42 — *Orationes.* Int. et Notis Ill. Carol. de Merouville (ad usum
　　Delphini), tom. 1 et 2. — Parisiis, apud Thierry, 1684,
　　2 v. in-4°.

43 — *Oratoriae partitiones.* secunda Editio. — Parisiis, ex off.
　　Stephani, 1530, 1 v. in-8°.
　　Et dans le même vol. — « Tusculanæ Questiones, per Des.
　　Erasm., Rot. Diligenter emendatæ et Scholiis illustratæ.
　　Parisiis, ex off. Rob. Stephani, 1534).

44 Ciofani Sulmonensis (Herculis), in omnia P. Ovidii Nasonis
　　Opera *Observationes.* — Antuerpiæ, ex off. C. Plantini, 1583,
　　1 v. in-8°.

45 Claudiani (El.), *Principium Heroumque Poetae.* — Francofurti,
　　ap. Joan. Naumannam, 1601, 1 v. in-4°.

46 Clenardus (N.), *Grammatica graeca.* — Lugd., apud Lud.
　　Declostre, 1715, 1 v. in-8°.

47 — *Institutiones absolutissimae* in Græcam Linguam. — Lugd.,
　　Nic. Gay, 1642, 1 v. in-8°.

Collection Coustelier :

48 *La Légende de maistre Pierre Faifeu,* 1 v.
49 *La Farce de maistre Pierre Pathelin,* 1 v.
50 Les *Œuvres* de François VILLON, 1 v.
51 Les *Œuvres* de Jean MAROT, 1 v.
52 Les *Poésies* de Guillaume COQUILLART, 1 v.
53 Les *Poésies* de Guillaume CRÉTIN, 1 v.
54 Les *Poésies* de Martial, de Paris, 2 v.

Paris, Ant. Urbain Coustelier, 1723-1724, 8 v. in-12.

55 COLLET (Louise), *Monument de Molière,* poème couronné par l'Académie française. — Paris, Paulin, 1843, 1 v. in-8º.

56 COLONIA (Dominicus DE), *De Arte Rhetorica,* libri quinque. — Lugd., Sumpt. Ant. Molin, 1715, 1 v. in-12.

57 CONDORCET, *Œuvres* de... publiées par A. Condorcet O'Connor et F. Arago. — Paris, Firmin Didot, 1847–49, 12 v. in-8º.

58 *Conciones sive Orationes* ex Græcis, Latinisque Historiis excerptæ. Eucudebat Henricus Stephanus, 1570, 1 v. in-fol.

59 CORNEILLE (P.), *Œuvres* de..... précédées d'une Notice sur sa Vie et ses Ouvrages, par Fontenelle. — Paris, Furne, 1852, 1 v. in-8º

60 — *Le Théâtre,* tome II, Polyeucte, T., Rodogune, Heraclius, D. Sanche, Andromède. — Paris et Rouen, 1648 à 1651, 1 v. in-4º.

61 *Corrupti Sermonis (De)* Emendatione Libellus. — Paris, J. Parvum, 1539, 1 v. in-8º.

62 COSSARTUS, *Orationes et Carmina.* — Paris, Seb. Mabre Cramoisy, 1675, 1 v. in-12.

63 *Critique* générale des Aventures de Télémaque. — Cologne, Marteau, 1700, 1 v. in-12.

64 CRESOLLIUS (Ludovicus), *Theatrum Veterum Rhetorum, Oratorum, Declamatorum.* Paris, Seb. Mabre Cramoisy, 1620, 1 v. in-8º.

65 DANTE-ALIGHIERI, *Œuvres* du...., par Sébastien Rhéal, avec illustrations de Flaxman. — Paris, Moreau, 1844 à 1852, 5 v. in-8º.

66 *Défense* (suite de la) *des Œuvres de M. Voiture.* — Paris, Aug. Courbe, 1655, 1 v. in-4º.

67 DELRII (M. A.), *Syntagma* Tragœdiæ latinæ. — Lutetiæ Parisiorum, 1620, 1 v. in-4º.

68 DEMOSTHENIS *Opera* (grec latin), 1 v. in-fol.

69 *Deux Nuits*, ou le Kan des Usbecs, drame en 5 actes et en
en vers. — Montbrison, imp. Cheminal, 1848, 1 v. in-8º.

70 *Dialogues* (nouveaux) *des Morts*. — Lyon, Th. Amaulry,
1583, 2 v. in-12.

71 *Dialogues sur les Affaires du Temps*, 1689, 1690, 1691,
1 v. p. in-12.

72 *Dictionnaire de l'Académie française*, 6me édition. — Paris,
imp. de Firmin Didot frères, 1835, 2 v. in-4º.

73 *Dictionnaire* (Supplément au) *de l'Académie française*, publié
sous la direction d'un des Membres de l'Académie française.
— Paris, Firmin Didot, 1844, 1 v. in-4º.

74 *Dictionnaire* (Le) *des Rimes françoises*. — Paris, par les Hé-
ritiers d'Eustache Vignon, 1596, 1 v. in-8º.

75 *Dictionnaire* (Le grand) *des Rimes françoises*, selon l'ordre alphabétique diligemment reueu et corrigé, et de nouueau
augmenté. — Coligny, per Mathieu Berjon, 1624, 1 v. in-8º.

76 *Dictionnaire universel, français et latin* (dit de Trévoux). —
Nancy, imp. de Pierre Antoine, tome VIme, 1740, 1 v. in-fol.

77 *Dictionnaire français latin*, par FR. NOEL. — Paris, vᵉ Lenormant, 1845, 1 v. in-8º.

78 *Dictionarium latino-gallicum*, F. NOEL. — Paris, vᵉ Lenormant,
1843, 1 v. in-8º.

79 *Dictionarium novum, latino-gallicum-graecum.* — Lyon, Pierre
Guillimin, 1678, 1 v. in-8º.

80 *Discours* qui ont remporté le prix d'Eloquence. 1676-1696,
2 v. in-12.

81 *Discours sur les Anciens*. — Paris, Pierre Emery, 1687,
1 v. in-12.

82 *Dissertationes academicae.* — Parisiis, apud Michaelem Lepetit,
1672, 1 v. in-12.

83 *Dissertation sur les Œuvres de Saint-Evremond.* — Paris, Le
Clerc, 1610, 1 v. in-8º.

84 DOMAYRON, *Histoire du Siége des Muses*. — Lyon, Rigaud,
1610, 1 v. in-8º

85 DUGAS-MONTBEL, *Illiade* (L') *et l'Odyssée* d'Homère, traduites
en français. — Paris, Firmin Didot, 1828, 9 v. in-8º.

86 *Entretiens* (Les derniers) de M. du Mas avec M. de Balzac.
Paris, Ch. de Sercy, 1656, 1 v. in-4º.

87 *Entretiens* de M. Voiture et de M. Costar. — Paris, Aug. Courbe, 1654, 1 v. in-4º.

88 ERASMUS, *Apophthegmatum.* — Lugd., apud Seb. Gryphium, 1551, 1 v. in-8º.

89 — *De Dupl. Copia Verborum ac Rerum.* — Lugd., apud Hæredes Simonis Vicentij, 1535, 1 v. in-8º.

90 — *Epistolarum, libri XXXI* et MELANCTHONIS, libri IV, quibus adjciuntur Th. MORI Epistolæ. — Londini, excudebant M. Flesher et R. Young, 1642, 1 v. in-fol

91 JUNII COGNATI et Aliorum *Adagia.* 1 v. in-fol.

92 ESTANG (DE L'), *De la Traduction.* — Paris, Jean Le Mire, 1660, 1 v. in-8º.

93 EVREMOND (SAINT), *Mémoires de la Vie du Comte D****, tomes Iᵉʳ et IIᵐᵉ. — Paris et Lyon, 1686, 2 v. in-12.

94 *OEuvres meslées,* 1 v. in-4º, 1689, et IIᵐᵉ partie 1 v. in-4º., 1692. — Barbin.

95 FLECHIER, *Lettres choisies.* — Paris, Jacques Estienne, tome Iᵉʳ, 1715, 1 v. in-12.

96 *Flores latinæ Locutionis,* 1627 1 v. in-8º.

97 FLORIAN, *Galathée,* édition ornée de Figures d'après les Dessins de Monsiau. — Paris, Deser, 1793, 1 v. in-4º.

98 *Flos latinitatis,* auctore P. F. P., è Societate Jesu. — Lugd., Declaustre, 1741, 1 v. in-12.

99 FONTENELLE, *Eloge des Académiciens,* depuis 1722, 1 v. in-12.

100 FURETIÈRE, *Dictionnaire universel* contenant généralement tous les mots français. — La Haye et Rotterdam, 1690, 3 vol. in-fol

101 GENIN (F.), *Des Variations du Langage français,* depuis le XII siècle. — Paris, Firmin Didot, 1845, 1 v. in-8º.

102 GOLDSMITH, *Vicaire* (le) de Wakefield, trad. par Ch. NODIER (vignettes de Johannot). Paris, Hetzel, 1844, 1 v. in-8º.

103 GRETSERI-JACOBI, *Institutiones Linguae graecae.* — Lugd., apud A. Molin, 1679, 1 v. in-8º.

104 GUENARA, *Orloge* (l') *des Princes,* traduit en françois. — Paris, Jean Ruelle, 1557, 1 v. in-8º.

105 GUBIAN (P.), *Allégories, Pensées et Maximes* dédiées aux Français. — Lyon, Brunet, 1823, 1 v. in-12.

106 Guignes (de), résident de France à la Chine, etc., *Dictionnaire chinois*, français et latin, publié d'après l'ordre de S. M. l'Empereur et Roi Napoléon-le-Grand. — Paris, imp. impériale, 1813, 1 v. g. in-fol.

107 Hallier (Franciscus), *Analysis Logicae*. — Parisiis, apud Seb. Cramoisy, 1630, 1 v. in-8º.

108 Hardy (Alexandre), *Théâtre*. — Paris, Jacques Qnesnel, 1626, 1 v. in-8º.

109 Homère. — 2me vol. de l'Edit., — Louanij, ex off. Rutgeri Rescij, 1535, 1 v. in-4º.

110 — *Les Œuvres*, de la Version de Salomon Certon. — Paris, Hameau, 1615, 1 v. in-8º.

111 Horatii Flacii, *Satyrarum, Eclogarum*, libri duo, Epistolarum, libri, a Dionysio Lambino. — Francofurti, apud And. Wecheli Heredes, 1596, 1 v. in-4º.

112 — *Œuvres*, en latin et en françois, première partie, de la Version de M. de Marolles. — Paris, Guillaume de Luynes, 1660, 1 v. in-8º.

113 Isocratis, *Orationes et Epistolae*, cum latina Interpretatione H. Vuolfii. — Genevæ, Sumpt, Sam. Crispini, 1621, 1 v. in-8º.

114 Janin (J.-J.), *L'Ane mort et la Femme guillotinée*. — Paris, 1 v. in-8º.

115 — Les *Petits Bonheurs*. — Paris, 1 v. in-8º. 1856.

116 Kimchi (R. David), *Thesaurus Linguae hebraicae*. — Ex offic. Roberti Stephani, 1548, 1 v. in-4º.

117 Lafont-Labatut, *Insomnies et regrets*. — Paris, Furne, 1845, 1 v. in-12.

118 Laharpe, *Lycée*, ou Cours de Littérature ancienne et moderne, par T.-F. Laharpe. — Paris, Agasse, an VII, 16 v. in-8º.

119 Lamartine (de), *Cours de Littérature*, 1re année (1856), et suiv., in-8º. — Paris, F. Didot.

120 Lamothe-le-Vayer (François), *Œuvres* de : tomes 5, 8, 9, 10, 11, 13, 14, 15. — Paris, T. Jolly, 1671, 8 v. in-12.

121 Langii, *Polyantheae Floribus nouissimis Sparsae*, libri XX. — Francofurti, Sumptib. Zetzneri, 1621, 1 v. in-fol.

122 Laprade (Victor de), *Odes et poèmes*. — Paris, Labitte, 1843 1 v. in-12

123 — *Poèmes évangéliques*. — Paris, Charpentier, 1853, 1 v. in-12.

124 — *Psyché,* poème. — Paris, Labitte (2me édition), 1841,
    1 v. in-12.

125 — *Les Symphonies,* Poèmes. — Paris, 1857, 1 v. in-12.

126 — LAUGIER (Aug.), *De la Comédie française* depuis 1830. —
    Paris, 1844, 1 v. in-12.

127 LAURENT (A.), *Théorie des Radicaux.* — Paris, Bourgogne et
    Martinet, 1 v. in-8º.

128 LUCAS (H.te), *Théâtre espagnol.* — Paris, Lévy, 1851, 1 v. in-8º.

129 *Lexicon graeco latinum,* ab HENRICO STEPHANO, apud P. Au-
    bertin, 1621, 1 v. in-4º.

130 *Lexicon,* MARTINI, vol. de A à LY, 1 v. in-fol.

131 LIPSI (J.), *Commentarius in Senecae Opera.* — Antuerpiæ, ex
    off. Plantiniana, 1614, 1 v. in-fol.

132 — *Epistolarum Selectarum Centuria prima.* — Antuerpiæ,
    apud C. Plantinum, 1586, 1 v. in-8º.

133 — *Opera.* — Lugd., apud Hor. Cardon, 1613, 2 v. in-fol.

134 LUCIANI, *Dialogorum* Selectorum, pars tertia. — Lugduni,
    apud Cl. Obert, 1635, 1 v. p. in-8º.

135 — *Opera,* tomus IV. — Basileæ, Sebast. Henric. Petri, 1602,
    1 v. in-8º.

136 — *Opuscula* quædam, Erasmo et Th. Moro interpret. — Seb.
    Gryphius Germ. excud. Lugduni, 1528, 1 v. in-8º.

137 MALHERBE, *Poésies,* avec les observations de MÉNAGE. — Paris,
    Thomas Jolly, 1666, 1 v. in-8º.

138 — *Manière de parler la Langue françoise* selon les différents
    Styles. — Lyon, Cl. Rey, 1697, 1 v. in-12.

139 MARTIALIS (M. Val.), *Epigrammata,* cum Domitii Calderini
    Commentariis, 1 v. in-fol.

140 — *Epigrammata* in Cæsaris Amphitheatrum et Venationes.
    — Lugd., apud Fr. Lepreux. 1594, 1 v. in-8º.

141 — *Epigramaton* Libri. — Genevæ, apud P. et J. Chouet,
    1623, 1 v. in-12.

142 MAXIMI TYRII, *Dissertationes.* — Lugd. Sumpt. C. Larjot,
    1631, 1 v. in-8º.

143 MENDOCA (P. F. DE), *Viridarium utriusque eruditionis,* tum
    sacræ quam profanæ, 1 v. in-fol.

144 *Mercure galant.* — Juillet 1677, avril 1686, 1688. — Lyon,
    J. Amaulry, 3 v. in-12.

145 MESNAGE, *Observations sur la Langue françoise*. — Paris, Cl. Barbin, 1672, 1 v. in-18.

146 MOLIÈRE, *Œuvres complètes*, précédées de la Vie de Molière, par VOLTAIRE. — Paris, Furne, 1854, 2 v. in-8º.

147 *Muse guerrière*. — Paris, Abel Langelier, 1587, 1 v. in-8º.

148 NIZOLLIUS, *Thesaurus Ciceronianus*. — Lugd., apud Ant. de Harsy, 1582, 1 v. in-fol.

149 NODIER, *Contes*. — Paris, Hetzel, 1846, 1 v. in-8º.

150 NOMESSEIUS, *Parnassus Poeticus*. — Lugd., Petri Rigaud, 1625, 1 v. in-12.

151 *Nouvelles littéraires* du 1er décembre 1723. — Paris, vᵉ Lefebvre, 1723, 1 v. in-8º.

152 *Onomasticon* latino græcum, in usum Gymnasiorum Societatis Jesu. — Lugd. Nicolaum Gay, 1664, 1 v. in-12.

153 OVIDII NASONIS, *Heroïdum*, Epistolæ et Sabini Sponsiones. — Lugd. apud Theobaldum, 1558, 1 v. in-8º.

154 PAPON (Loys), « *Œuvres* du Chanoine Loys Papon, Seigneur de Marcilly, Poète forésien du XVIᵐᵉ siècle, imprimées pour la première fois sur les manuscrits originaux, par les soins et aux frais de M. Yemeniz, membre de la Société des Bibliophiles françois, précédées d'une Notice sur la Vie et les Œuvres de Loys Papon, par Guy de la Grye. — Lyon, Louis Perrin, imprimeur, 1857, 1 v. in-8º.

155 PASSERATI (Joannis), *Orationes* et Prefationes. — Parisiis, apud M. Henault, 1637, 1 v. in-8º.

156 PATIN (Guy), *Lettres choisies*, tomes 1er, 2ᵐᵉ, 3ᵐᵉ. — A Lahaye, Van Balderen, 1707, 1 v. in-12.

157 PATRU, *Plaidoyers et Œuvres diverses* (dans les Œuvres diverses se trouvent des Notes sur l'*Astrée*). — Paris, Seb. Mabre-Cramoisy, 1681, 1 v. in-4º.

158 PERSII FLACCI (Auli), *Satyrae*. — Lutetiæ, apud C. Morellum, 1613, 1 v. in-4º.

159 PHILOSTRATE-LEMNIEN, le second *Livre des Images*, ou Tableaux de platte Peinture, 1 v. in-4º.

160 PLAUTI (Accii), *Opera*. — Apud Hæred. Eust. Vignon, 1595, 1 v. in-4º.

161 POMEY, *Syllabus* seu Lexicon Latino-Gallico Græcum. — Lugduni, 1736, 1 v. in-8º.

162 POMME (Ant.), *Œuvres* de. — Lyon, Jean Posuel, 1674, 1 v. in-12.

163 PORÉE, *Tragœdiae*. — Lutetiæ, Marc Bordelet, 1745, 1 v. in-12.

164 POSSELIUS, *Calligraphia oratoria Linguae graecae*. — Parisiis, apud Jean Libert, 1627, 1 v. in-8°.

165 POULAIN, Dunoisien, *Anthologie françoise*. — Paris, Huby, 1614, 1 v. in-8°.

166 POURRET DES GAUDS, *Adhémar et Théodeberge*, Episode des Guerres civiles du XVme siècle. — Paris, Dentu, 1835, 2 v. in-8°.

167 *Praeceptionum Aphorismi*. — Excudebat Robertus Stephanus, 1529,

Dans le même volume :

168 — *Christiana Studiosae iuuentutis Institutio,* per Christophorum HEYENDORPHIUM,

169 — *De Disciplina et Institutione Puerorum* Othonis BRUNFELSII parænensis, IVa editio. — Paris, Robertus Stephanus, 1531,

170 — *Paraphrasis,* seu potius Epitome inscripta D. Erasmo inc. iuxta ac breuis in eleganti Lib. Laurentii Vallæ, etc. — Parisiis, ex off. Rob. Steph., 1531,

1 v. in-8°.

171 PROSPER (*Poème* de SAINT), traduit en françois. — Paris, Durand, 1647, 1 v. in-4°.

172 *Prix de Vertu* fondés par M. de Montyon. — Discours prononcés à la distribution de ces Prix. — Paris, Didot.

173 RACINE (Jean), *Œuvres* de. — (Edition de P. Didot, Paris, 1801, 3 v. in-fol.

174 — *Œuvres,* précédées d'une Notice sur sa Vie et ses Ouvrages, par L. S. Auger, de l'Académie française. — Paris, Furne, 1852, 1 v. in-8°.

175 RAVISII (J.), *Opus*. — Lugd., apud Joan. Pilehotte, 1602, 1 v. in-8°.

176 *Recueil de Chansons* à l'usage des Gardes nationales du Département de la Loire. — Montbrison, Cheminal, 1816, 1 v. in-8°.

177 *Recueil de Lettres* de Messieurs Malherbe, Coulomby, Boisrobert, etc. — Paris, Michel Blageart, 1642, 1 v. in-8°.

178 *Recueil de quelques Pièces de Prose et de Vers* faits pour des Prix qui avaient été proposés par l'Académie françoise en 1671. — Paris, Pierre Lepetit, 1671, 1 v. in-12.

179 *Recueil (premier) des publiques Actions de l'Eloquence françoise*, contenant 31 Remontrances faites aux Ouvertures des Parlements et autres Cours de ce Royaume. — Lyon, Ant. de Harsy, 1604, 1 v. in-8º.

180 *Response à l'Histoire des Oracles*, de M. de Fontenelle. — Strasbourg, chez Regnauld Doulssecker, 1707, 1 v. in-8º.

181 *Response du sieur de Girac* à la Défense des Œuvres de M. de Voiture, par M. de Costar. — Paris, Aug. Courbe, 1655, 1 v. in-4º.

182 *Revue des Deux Mondes.* — De 1839 à 1846, in-8º.

183 ROLLIN, *De la Manière d'enseigner les Belles-Lettres*, tomes 1, 2, 3, 4, — Paris, Jacques Estienne, 1726-1741, 4 v. in-12.

184 — *Œuvres complètes*, Observations et Eclaircissements historiques, par Letronne, de l'Institut. — Paris, F. Didot, 1825, 31 v. in-8º, avec atlas in-fol.

185 RONSARD, *Les Hymnes*, tome VIIme. — Paris, N. Buon. 1617, 1 v. p. in-12.

186 SACY (LEMAISTRE DE), *Poème*. — Paris, Guillaume Desprez, 1695, 1 v. in-4º.

187 SARASIN, *Œuvres*. — Paris, Aug. Courbe, 1654, 1 v. in-4º.

188 SCHOEBEL, *Analogies* constitutives de la *Langue allemande*, avec le grec et le latin. — Paris, Jules Renouard, 1846, 1 v. in-8º.

189 SCOT (Alexander), *Apparatus latinae Locutionis*. — Genevæ, apud Petrum et Jacobum Chouët, 1627, 1 v. in-4º.

190 — *Universa Grammatica graeca*. — Coloniæ Allobrogum, Gab. Carterius, 1613, 1 v. in-8º.

191 SCUDERY, *Poésies diverses*. — Paris, Aug. Courbe, 1649, 1 v. in-8º.

192 *Secrétaire (le) du Parnasse*, au sujet de la Tragédie d'Inès de Castro, par P. S. F. — Paris, François Fournier, 1723, 1 v. in-8º.

193 SÉNÈQUE (*L'Esprit* de), 2me partie. — Paris, André Soubron, 1653, 1 v. in-8º.

194 — *Tragoediae.* — Parisiis, Joan. Libert, 1640, 1 v. in-8º.

195 *Sentiments* de Cléante sur les Entretiens d'Ariste et d'Eugène,
— Paris, Lemonnier, 1672, 2 v. in-12.

196 SIMON, *Lettres choisies,* où l'on trouve un grand nombre de
faits, Anecdotes de Littérature. — Rotterdam, Reinier
Leers, 1700, 1705, 3 v. in-12.

197 SORBIÈRE, *Lettres et Discours.* — Paris, François Clousier,
1660, 1 v. in-4°.

198 SPAGNOLI (J.-B.), *Operum,* tomus secundus. — Antuerpiæ,
Bellerum, 1576, 1 v. in-8°.

199 STATII (P.-P.), *Opera.* — Parisiis, Sumpt. Th. Blaise, 1618,
1 v. in-4°.

200 STEPHANUS (Henricus), *Thesaurus graecae Linguae.* — Ex typ.
Henr. Stephani Oliva, 3 tomes en 3 v. in-fol.

201 *Syllabus* Seu Lexic. græco-latino-gallicum, Opera unius
de Societ. Jesu. — Lugd., ap. Ant. Molin, 1678, 1 v. in-8°.

202 *Tableau de la Fortune.* — Lyon, Girin, 1665, 1 v. in-12.

203 TAUNAY (H.), La *Jérusalem délivrée,* traduite en vers français,
avec le texte italien en regard. — - Paris, Hachette, 1846,
2 v. in-18.

204 TERENTII *Comoediae,* 1 v. in-12.

205 — *Eunuchus,* latine et gallice Ennarata. — Lugd., Traenus,
1 v. in-8°.

206 THEOPHRASTI, *Notationes Morum.* — Lugd., P. Ravaud, 1638,
1 v. in-8°.

207 *Thesaurus Linguae latinae, graecae et gallicae.* — Lugd., apud
C. Morillon, 1613, 1 v. in-4°.

208 THOMASSIN, *Méthode d'étudier* et d'enseigner chrétiennement
et solidement les Lettres humaines. — Paris, Muguet,
1681, 1 v. in-8°.

209 URFÉ (Honoré D'), L'*Astrée,* Ire partie. — Lyon, Simon
Rigaud, 1631 ; IIme partie, Rémy Dallin, 1618 ; IIIme partie
(sans titre), 1619 ; IVme partie (sans titre), 1627 ; Conclu-
sion et dernière partie de l'*Astrée,* Paris, Pomeray, 1628 ;
VIme partie, Paris, Robert Fouet, 1626, 8 v. in-8°.

210 — Les *Epistres morales,* livre Ier jusqu'à l'Epîstre XXIIIme.
— Lyon, Jacques Roussin, 1598, 1 v. in-12.

211 — Les *Epistres morales,* les trois Livres. — Lyon, J.
Lautret, 1827, 1 v. in-12.

212 — Le *Sireine*. — Paris, Micard, 1606, 1 v. in-12.

213 VAIR (DU), *Œuvres* comprises en 5 parties. — Amsterdam, Carron, 1610, 1 v. in-8º.

214 VAUGELAS, *Remarques* sur la Langue françoise. — Paris, A. Courbe, 1647, 1 v. in-4º.

215 VIRGILIUS, *Opera*. — Treuttel, 2 v. in-8º.

216 VOITURE, *Œuvres*. — Paris, A. Courbe, 1654, 1 v. in-4º.

217 VOLTAIRE, *Œuvres complètes*, avec des Notes et une Vie de Voltaire. — Paris, Firmin Didot, 1853, 13 v. in-8º.

118 VOSSII (Gerardi-Johannis), *Orator. Institutionum*, 1 v. in-4º.

SECTION V.

GÉOGRAPHIE ET HISTOIRE.

1 *Almanach astronomique et historique de la ville de Lyon.* — Lyon, Aimé Delaroche, années 1742, 1760, 1786, 3 v. in-8°.

2 *Almanach historique et politique de la ville de Lyon* et du département du Rhône, pour 1806.

3 *Almanach royal*, pour 1748, 1780, 1787, 1789. — Paris, D'Houry, 4 v. in-8°.

4 *Ambassades* (Les) de l'illustrissime et révérendissime Cardinal Du Perron. — Paris, Guill. Loyson, 1633, 1 v. in-8°.

5 Ammiani Marcelini, *Rerum, Gestarum,* libri XVIII. — Paris, ex off. Rob. Stephani, 1544, 1 v. in-8°.

6 *Analyse des Vœux des Conseils généraux* des départements, Session de 1845. — Paris, P. Dupont, 1844, 1 v. in-8°.

7 Anquetil, *Histoire de France* continuée depuis la Révolution de 1789, par Léonard Gallois. — Paris, Garnier, 5 v. in-8°.

8 Appiani Alexandrini, *Romanarum Historiarum.* — Basileæ, Froben, 1554, 1 v. in-fol.

9 — *Antiquitatum Romanarum,* 1 v. in-4°.

10 *Arrêtés des Bailliage, Domaine et Sénéchaussée de Forez,* séans à Montbrison (relatifs aux Réformes judiciaires), 10 mai 1788, 28 mai id., 31 mai id., in-4°.

11 Arrighi (A.), *Histoire de Pascal Paoli* (1755-1807). — Paris, Gosselin, imp. de Fabiani, à Bastia, 1843, 2 v. in-8°.

12 Assier de Valenches (Pierre D'), *Mémorial de Dombes,* en tout ce qui concerne cette ancienne Souveraineté, 1525-1771. — Lyon, Louis Perrin, 1854, 1 v. in-8°.

13 Aubusson (Georges d'), archevêque d'Embrun, *La Défense du Droit de Marie-Thérèse d'Autriche,* reine de France, à la succession des Couronnes d'Espagne. — Paris, Seb. Mabre-Cramoisy, 1674, 1 v. in-12.

14 Audin, *Histoire de la Vie et des Ouvrages de Calvin.* — Paris, Maison, 1843, 2 v. in-8º.

15 Bassompierre, *Ambassade en Suisse,* 1625. — Cologne, chez P. du Marteau, 1668, 2 v. in-12.

16 — *Mémoires....* de ce qui s'est fait de plus remarquable à la Cour de France pendant quelques années. — Cologne, P. du Marteau, 2 v. in-12.

17 Balleydier (Alphonse), *Histoire politique et militaire du Peuple de Lyon* (1789-1795). — Paris, Curmer, 1846, 3 v. in-8º.

18 Baude (le baron), *L'Algérie.* — Paris, imp. de Rignoux, Arthus Bertrand, libraire, 1841, 2 v. in-8º.

19 Baudier, *Histoire générale de la Religion des Turcs, etc.* — Ravages des Sarrasins en Europe aux trois premiers siècles de leur Loy, ensemble le Tableau de toute la Chrétienté à la venue de Mahomet. — Paris, Cl. Cramoisy, 1625, 1 v. in-4º.

20 — *Inventaire de l'Histoire générale des Turcs,* 1 v. in-4º.

21 Beaunier (Dom), *Recueil historique, chronologique et topographique des Archevéchés et Evéchés, Abbayes et Prieurés de France.* — Paris, Mesnier, 1724, 1 v. in-4º.

22 Beauvais (P. Louvet de), *Le Mercure hollandois,* ou Histoire des Provinces unies des Païs-Bas. — Lyon, Et. Baritel, 1673, 1 v. in-12.

23 Beauveau, *Mémoires* du marquis de, pour servir à l'Histoire de Charles IV, Duc de Bar et de Lorraine. — Cologne, P. Marteau, 1691, 1 v. in-12.

24 Bellay, *Mémoires* de Mess. Martin et Guillaume du Bellay, 1 v. in-8º.

25 Belleforest (François de), *La Cosmographie* universelle de tout le Monde, second volume du 1er Tome, contenant les autres pays des Gaules non compris sous la couronne de France. — Paris, Michel Sonnius, et le Tome IIme, 1575, 2 v. in-fol.

26 Bentivoglio (al Cardinal), *Della Guerra di Fiandra.* — In Venetia, 1625, 1 v. in-4º.

27 BERNARD (Aug.), *Biographie et Bibliographies foréziennes.* — Montbrison, Bernard aîné, 1835, 1 v. in-8°.

28 — *Cartulaire de l'Abbaye de Savigny,* suivi du petit *Cartulaire de l'Abbaye d'Ainay,* publié par Aug. Bernard (de la collection des Documents). — Paris, imp. impériale, 1853, 2 v. in-4°.

29 — *Histoire du Forez.* — Montbrison, Bernard aîné, 1835, 2 v. in-8°.

30 — *Mémoire sur les Origines du Lyonnais.* — Paris, Duverger, in-8°.

31 — *Mémoire sur le Temple dédié à Auguste,* au confluent du Rhône et de la Saône. — Paris, Leleux, 1847, 1 v. in-8°.

32 — *Observations relatives à l'Aperçu sur l'Histoire de Saint-Etienne,* de M. Hedde. — Montbrison, 1 v. in-8°.

33 — *Origine (De l') et des Débuts de l'Imprimerie en Europe.* — Paris, imp. impériale, 1853, 2 v. in-8°.

34 — *Procès-verbaux des Etats généraux de 1593,* recueillis et publiés par M. Aug. Bernard (de la collection des Documents). — Paris, imp. roy., 1843, 1 v. in-4°.

35 — *Satyre menippée,* de la Vertu du Catholicon d'Espagne et de la Tenue des Estats de Paris. — Paris, Lambert, in-8°.

36 — *Urfé (les D'), Souvenirs historiques et littéraires du Forez au XVIme et au XVIIme Siècle.* — Paris, imp. royale, 1839, 1 v. in-8°.

37 BERNARD (Charles), *Histoire de Louis XIII,* 1 v. in-fol.

38 *Bibliothèque universelle* des Historiens, contenant leurs Vies, l'Abrégé, la Chronologie, la Géographie et la Critique de leurs Histoires. — Liv. 1er, Tome Ier. — Paris, Pierre Giffart, 1707, 1 v. in-8°.

39 BLANCOURT (Haudicquer DE), *Recherches historiques* de l'Ordre du Saint-Esprit, avec les Noms, Qualités, Armes, Blasons. Tome II. — Paris, Jean Joubert, 1695, 1 v. in-12.

40 BOUCHET (DU), *La véritable Origine* de la seconde et troisième Lignée de la Maison royale de France. — Paris, Math. Du Puis, 1646, 1 v. in-fol.

41 BOURASSÉ (l'abbé), *Esquisse archéologique* des principales églises du diocèse de Nevers. — Nevers, Fay, 1844, 1 v. in-8°.

42 BRIAND DE VERZÈ, Nouveau *Dictionnaire complet,* géographique, statistique et historique de la France et de ses Colonies. — Paris, Belin, 1846, 1 v. in-8°.

43 BRIETUS, *Annales Mundi*. — Parisiis, apud F. Muguet, 1662, 1 v. in-12.

44 — *Parallela Geographiae* veteris et nouæ. — Paris, Seb Cramoisy, 1648, 2 v. in-4º.

45 BROSSETTE, *Histoire* ou Eloge historique de la ville de Lion. — Lion, J.-B. Girin, 1711, 1 v. in-4º.

46 *Budgets de l'Exercice 1840*, Notes, Projets de Loi, etc. — Paris, imp. roy., 1839, 4 v. in-4º.

47 BULENGERI (J.-C.), *De Imperatore et Imperio Romano*, Libri XII. -- Lugd., apud Hæred. Rouillii, 1618, 1 v. in-fol.

48 *Cabinet (Le) du Roy Louis XI*, contenant plusieurs Fragments de Lettres missives et secrètes Intrigues du Règne de ce Monarque. — Paris, Gabriel Quinet, 1661, 1 v. p. in-8º.

49 *Cahier des Doléances du Clergé* de la Province du Forez (23 mars 1789). — Montbrison, imp. de Mathieu Magnien, 1789, 1 v. in-4º.

50 — *Cahier des Doléances du Tiers-Etat* de la Province du Forez (20 mars 1789), 1 v. in-4º.

51 CALOHAR (F.), *Notice historique sur La Tour d'Auvergne*. — Paris, Anselin, 1841, 1 v. in-8º.

52 *Campagnes de M. le Prince Eugène* en Hongrie, et des Généraux vénitiens, dans la Morée, pendant les années 1716, 1717, Tome Ier. — Lyon, F. Amaulry, 1718, 1 v. in-12.

53 CANTU (César), *Histoire universelle*. — Paris, Didot, 1843, 19 v. in-8º.

54 CASSIODORI (M.-A.), *Opera omnia*. — Gamonet, 1637, 1. in-4º.

55 — *Variarum*, Libri XII. — Paris., apud Seb. Nivellium, 1583, 1 v. in-4º.

56 CASTELVERD (E. DE), *Mémorial militaire* des Français. — Paris, Dumaine, 1846, 1 v. in-8º.

57 *Catalogue de l'Histoire de France*, de la Bibliothèque impériale, publié par ordre de l'Empereur, Tomes 1er, 2me, 3me. — Paris, Firmin Didot, 1855, 3 v. in-4º.

58 *Catalogue* général *des Manuscrits des Bibliothèques* des Départements. — Imp. par ordre du Gouvernement, 1849, 2 v. in-4º.

59 CÉSAR, *Les Commentaires*. — Paris, en la boutique de Lamazat, 1650, 1 v. in-4º.

60 CHAMBEYRON, *Recherches* historiques sur la ville de *Rive-de-Gier*. — Lyon, Perrin, 1845, 1 v. in-8º.

61 CHAMPLAIN, *Voyage ou Journal* ès-Découvertes de la nouvelle
France. — Paris, imp. aux frais du Gouvernement, 1830,
2 v. in-8º.

62 CHAULMER, *Tableau de l'Asie.* — Paris, Guill. de Luynes,
1654, 1 v. p. in-8º.

63 CHERRIER (Ch. DE), *Histoire de la Lutte des Papes* et des Em-
pereurs de la Maison de Suabe. — Paris, Delloye, 1841,
2 v. in-8º.

64 *Chronique scandaleuse* (sous le règne de Louis XI), par un
Greffier de l'Hostel-de-Ville de Paris, 1620, 1 v. p. in-4º.

65 COEFFETEAU (le R.-P.), de l'ordre des F. F. Prescheurs, *Histoire Romaine.* — Lyon, André Alyer, 1665, 2 v. in-8º.

66 COLLET (François), *Fait inédit* de la vie de *Pascal.* — Paris,
Joubert, 1848, 1 v. in-8.

67 COLOMBIÈRE (La), *Le vray Théâtre d'honneur* de la Chevalerie.
— Paris, Aug. Courbe, 1648, 2 v. in-fol.

68 — Les *Portraits des hommes illustres François.* — Paris,
Mauger, 1668, 1 v. in-12.

69 COMMINES, *Mémoire,* sur les Principaux Faicts et Gestes
de Louis XI, et de Charles VIII, son Fils, roys de France.
— Paris, Gaillot Du Pré, 1561, 1 v. in-fol.

70 *Compte-rendu* des Travaux de la Commission des monuments
etc., du département de la Gironde, de 1838 à 1843. —
Bordeaux, Durand, 1 v. in-8º.

71 COPPIN, *Le Bouclier de l'Europe,* contenant le moyen d'arrêter
le progrès du Turc. — Au Puy, chez G. F. de la Garde,
1686, 1 v. in-4º.

72 COSTE, Les *Eloges de nos Rois* et des Enfants de France qui
ont été Daufins Viennois, comtes de Valentinois et de Diois.
— Paris, Seb. Cramoisy, 1643, 1 v. in-4º.

73 DAN (le R. P. Fr. Pierre), *Histoire de Barbarie* et ses Cor-
saires. — Paris, Pierre Rocolet, 1637, 1 v. in-4º.

74 DAVILA, *Historia delle Guerre civili di Francia.* — In Lione,
1641, 1 v. in-4º.

75 — *Histoire des Guerres civiles de France,* etc., jusqu'à la Paix
de Vervins, mise en françois par J. Baudoin. — 2ᵐᵉ édition.
— Paris, P. Rocolet, 1647, 1 v. in-fol.

76 *Description* (nouvelle) *des Pays-Bas.* — Paris, Cardin Besongne,
1667, 1 v. p. in-12.

77 DELANDINE DE SAINT-ESPRIT, *Le Panache de Henri IV,* ou les Phalanges royales en 1815. — Paris, A. Egron, 1817, 2 v. in-8°.

78 *Dialogue sur les affaires du Temps.* — 1689, 1690, 1691 (La Pierre de Touche), 1 v. in-12.

79 *Discours, Allocutions et Réponses de S. M. Louis-Philippe,* roi des Français, 1830-1833. — Paris, Mme v^e Agasse, 1833, 3 v. in-8°.

80 *Discours merveilleux de la Vie, Actions et Déportements de Catherine de Médicis.* — (1649, selon la copie imprimée à Paris), 1649, 1 v. p. in-8°.

81 *Discours prononcés à l'assemblée de la noblesse de Forez,* au moment de la nomination des Députés. — (23 mars 1782), — par M. de Punctis, de Boën. — 1789, 1 v. in-8°.

—

DOCUMENTS INÉDITS (Collection des), relatifs à l'Histoire de France, publiés par le Ministère de l'Instruction publique et des Cultes. Imprimerie roy. et imprimerie imp.

MONUMENTS ÉCRITS.

82 *Archives administratives et législatives de Reims,* par M. P. VARIN, 10 v. in-4°.

83 *Captivité de François Ier,* par M. Aimé CHAMPOLLION-FIGEAC, 1 v. in-4°.

84 *Cartulaire de Notre-Dame de Paris,* par M. GUERARD, 4 v. in-4°.

85 *Cartulaire de Saint-Bertin,* par M. GUERARD, 1 v. in-4°.

86 *Cartulaire de Saint-Père de Chartres,* par M. GUERARD, 2 v. in-4°.

87 *Chronique de Bertrand-Duguesclin,* par M. CHARRIÈRE, 2 v. in-4°.

88 *Chronique des Ducs de Normandie,* par M. F. MICHEL, 3 v. in-4°.

89 *Chronique du Religieux de Saint-Denis,* par M. BELLAGUET, 5 v. in-4°.

90 *Correspondance de Sourdis,* par M. E. SUE, 3 v. in-4°.

(48)

91 *Correspondance et Papiers d'Etat du Cardinal de Richelieu*,
   par M. AVENEL, 2 v. in-4°

92 *Croisade contre les Albigeois*, par M. FAURIEL, 1 v. in-4°.
   (*Éléments de Pathéographie*, par M. M. DE WAILLY. — Aux
   sciences et arts).

93 *Histoire du Tiers Etat en France*, par M. Aug. THIERRY, 3 v.
   in-4°.

94 *Journal des Etats généraux tenus à Tours*, en 1484, par A.
   BERNIER, 1 v. in-4°.

95 *L'Esclaircissement de la Langue Françoyse*, de maitre Jehan,
   Palsgrave, par M. F. GENIN, 1 v. in-4°.

96 *Lettres de Henri IV*, par M. BERGER DE XIVREY, 6 v. in-4°.

97 *Lettres des Rois et Reines*, par M. CHAMPOLLION-FIGEAC, 2 v.
   in-4°.

98 *Livre de Jostice et de Plet,* par M. RAPETTI, avec un Glossaire,
   par M. CHABAILLE, 1 v. in-4°.

99 *Mélanges historiques*, par M. CHAMPOLLION-FIGEAC, 4 v. in-4°.

100 *Mémoires militaires*, *relatifs à la succession d'Espagne*, par
   M. le Général PELET, — avec atlas, 9 v. in-4°.

101 *Négociations de la France dans le Levant*, par M. CHARRIÈRE,
   3 v. in-4°.

102 *Négociations entre la France et l'Autriche*, par M. LE GLAY,
   2 v. in-4°.

103 *Négociations relatives à la succession d'Espagne,* par M. MIGNET,
   4 v. in-4°.

104 *Négociations sous François II*, par M. LOUIS PARIS, 1 v.
   in-4°.

105 *Olim (Les)*, par M. BEUGNOT, 3 v. in-4°.

106 *Ouvrages inédits d'Abelard*, par M. COUSIN, 1 v. in-4°.

107 *Papiers d'Etat du Cardinal Granvelle*, par M. WEIL, 9 v.
   in-4°.

108 *Procès des Templiers,* par M. MICHELET, 2 v. in-4°.
   (*Procès-verbaux des Etats généraux de 1593*, par M. A.
   BERNARD, 1 v. in-4°. A la lettre B).

109 *Procès-verbaux du Conseil de régence de Charles VIII*, par
   M. ADELEM BERNIER, 1 v. in-4°.

110 *Quatre Livres des Rois (Les)*, par M. LE ROUX DE LINCY, 1 v.
   in-4°.

111 *Recueil de Documents inédits concernant l'Histoire de l'administration publique en France,* pendant le règne de Louis XIV,
par M. DEPPING, 4 v. in-4°.

112 *Réglements d'Etienne Boileau,* par M. DEPPING, 1 v. in-4°.

113 *Relations des Ambassadeurs Vénitiens,* par M. TOMASEO, 2 v.
in-4°.

DERNIERS OUVRAGES PUBLIÉS.

114 *Correspondance de Catherine de Médicis,* par M. PHILIPPE
BUSONI, 1 v. in-4°.

(*Cartulaire de Savigny* (suivi du petit Cartulaire d'Ainay),
par AUG. BERNARD, 2 v. in-4°. A la lettre B.)

115 *Cartulaire de Saint-Victor de Marseille,* par M. GUERARD,
1 v. in-4°.

116 *Histoire de la Guerre de Navarre,* par M. GUERARD, 1 v.
in-4°.

117 *Priviléges accordés à la Couronne de France* par le Saint-
Siége, 1 v. in-4°.

EN COURS DE PUBLICATION.

118 *Bulletin des Comités historiques* (histoire, sciences, lettres),
de 1849 et années suivantes, in-8°.

119 *Bulletin du Comité de la Langue, de l'Histoire et des Arts
de la France,* de 1853 et années suivantes.

(*Catalogue général des manuscrits des Bibliothèques publiques
des Départements,* 2 v. in-4°. A la lettre C.)

120 *Rapports au Roi et Pièces,* 1 v. in-4°.

121 *Rapports au Ministre,* 1 v. in-4°.

ARCHÉOLOGIE.

122 *Iconographie Chrétienne,* par M. DIDRON aîné, 1 v. in-4°.

123 *Instructions sur l'Architecture monastique au Moyen-Age,* par
Alb. LENOIR, 2 v. in-4°.

124 *Monographie de la Cathédrale de Chartres,* par MM. LASSUS
et AMAURY-DUVAL, pl.

125 *Monographie de Notre-Dame de Noyon,* Dessins de Daniel
RAMÉE, pl.

126 *Peintures à fresque de Saint-Savin,* Texte de M. P. MÉRIMÉE, pl.

127 *Statistique monumentale de Paris,* par Albert LENOIR, pl.

128 *Compte de Dépenses de la Construction du Château de Gaillon,* par M. A. DEVILLE, pl., 1 v. in-4°.

—

129 DUBARLE, *Histoire de l'Université de Paris.* — Paris, Didot, 1844, 2 v. in-8°.

130 DUCHESNE, *Histoire d'Angleterre.* — Paris, Rocolet, 1641, 1 v. in-fol.

131 — *Les Mémoires de messire Jacques de Chastenet.* — Paris, Morel, 1690, 2 v. in-12.

132 DUPLEIX, *Histoire de Henri-le-Grand et de Louis-le-Juste.* — Paris, Sonnius, 1635, 1 v. in-fol.

133 — *Mémoire des Gaules, et Histoire générale de France.* — Paris, Sonnius, 1634, 5 v. in-fol.

134 DURAND, vice-président du Tribunal de Montbrison. — *Observations* sur l'Ecrit intitulé de l'*Importance de l'arrondissement de Saint-Etienne.* — Paris, Henry, 1 v. in-8°.

135 *Espion (L') anglois.* — Londres, John Adamson, 1777-85, 4 v. in-12.

136 *Estat de la France,* 1682-1702, 10 v. in-12.

137 *Estat présent des affaires d'Allemagne.* — 1674-1675. — Paris, Lepetit, 1675, 1 v. in-12.

138 *Estats (Les) Empires et Principautez du Monde,* par le sr D. T. V. Y., Gentilhomme ordinaire de la Ch. du Roy, — Rouen, 1628, 1 v. in-4°.

139 ESTE (le Cardinal REYNAUD D'), *Mémoires, depuis l'an 1657,* jusqu'au dernier septembre 1673. — Cologne, Henri Demen, 1678, 1 v. in-12.

140 ESTRADES (Le comte D'), *Lettres, mémoires et négociations,* tome Vme, contenant depuis le 1er jour d'août 1667 et l'année 1668. — Bruxelles, Henri Lejeune, 1709, 1 v. in-12.

141 *Factum des Présidents, Conseillers, Magistrats et Officiers du Siége présidial de Lyon,* sur l'édit de suppression des Présidiaux de Montbrison et Mâcon, 1 f^lle in-fol.

142 FALLUE (L.), *Le Château de Radepont.* — Rouen, 1851, 1 v. in-8°

143 Félibien (D. Michel), *Histoire de la ville de Paris.* — Paris, Desprez, 1725, 4 v. in-fol.

144 Fléchier, *Histoire de Théodose-le-Grand.* — Paris, Cramoisy, 1679, 1 v. in-4º.

145 — *Histoire du Cardinal de Ximénès,* 2ᵐᵉ vol. — Paris, Janisson, 1673, 1 v. in-12.

146 Fodéré (Le R. P. Fᵒⁱˢ Jacques), *Narration historique et topographique* des Convens de l'ordre de Saint-François, — Lyon, Rigaud, 1619, 1 v. in-4º.

147 *Fouquet (Défense de),* tomes II, III, IV, V, 1665, et Factum, 1666, 5 v. in-12.

148 *Galeries historiques du palais de Versailles.* — Paris, imp. R., 1839, 9 v. in-8º.

149 Gaguini (Roberti), *de Francorum gestis.* 1 v. in-8º.

150 Garcilasso de la Vega, *Histoire des guerres civiles des Espagnols dans les Indes.* — Paris (imp. aux frais du gouvernement), 1830, 4 v. in-8º.

151 — *Histoire des Incas,* rois du Pérou. — Paris (imp. aux frais du gouvernement, 1830), 3 v. in-8º.

152 Gaullerius (Jacobus), *Tabula chronographica.* — Lugd. H. Cardon, 1616, 1 v. in-fol.

153 Genebrardi (G.), *Chrnographiæ* libri quatuor. — Lugd. sumpt. Joannis Philehotte, 1609, 1 v. in-fol.

154 *Guerre de Flandre* (de la), avec-portraits. — 1 v. in-fol.

155 Guicciardini, *la Historia d'Italia.* — In Venetia, N. Bevilacqua, 1568, 1 v. in-4º.

156 Hedde (Isidore), *Aperçu sur l'histoire de la ville de Saint-Etienne.* — Saint-Etienne, imp. de Gonin, 1840, 1 v. in-8º.

157 Hemann (H. N.), *Histoire anecdotique de la Révolution française,* jusqu'au règne de Louis - Philippe. — Paris, B. Renaud, 1846, 1 v. in-8º.

158 Herodiani, *Histor.,* libri VIII, cum Angeli Politiani interpretatione. — Lugd. sumpt., P. Ravaud, 1624, 1 v. in-8º.

159 *Histoire de don Jean d'Autriche,* fils de l'empereur Charles V. — Amsterdam, chez Lebrun, 1693, 1 v. in-12.

160 *Histoire de la ligue de Cambray.* — Paris, Florentin Delaulne, 1709, 2 v. in-12.

161 *Histoire de la scission arrivée en Pologne, le 27 juin 1697,* au sujet de l'élection d'un Roy. — Paris, Jean Jombert, 1619, 1 v. in-12.

162 *Histoire de l'inquisition et son origine.* — Cologne, P. Marteau, 1693, 1 v. in-8°.

163 *Histoire des progrès de la puissance navale de l'Angleterre.* — Iverdon, 1783, 2 v. in-12.

164 *Histoire des Turcs*, de Blaise de VIGNERE (d'après Laodic de Chalcondyle et autres), jusqu'en 1649. — Paris, Seb. Cramoisy, 1650, 2 v. in-fol.

165 *Histoire d'Olivier Cromwel.* — Utrecht, Pierre Elzevier, 1691, 2 v. in-12.

166 *Histoire du cardinal duc de Joyeuse.* — Paris, Robert Denain, 1654, 1 v. in-4°

167 *Histoire du gouvernement de Venise* (par AMELOT DE LA HOUSSAYE). — Paris, Frédéric Léonard, 1676, 2 v. in-12.

168 *Histoire générale de la guerre de Flandre.* — Paris, Robert Foret, 1633, 1 v. in-fol.

169 *Interest de l'Angleterre* (les) mal entendus dans la présente guerre. — Amsterdam, G. Gallet, 1704, 2 v. in-12.

170 JOLY, *Mémoires,* pour faire suite aux Mémoires du cardinal de Retz. — Rotterdam, Leers, 1718, 2 v. in-12.

171 JOSEPH (Flavius), *Histoire de la guerre des Juifs,* trad. du grec, par ARNAUD D'ANDILLY. — Paris, Lepetit, 1668, 1 v. in-fol.

172 *Journal de Monsieur le cardinal duc de Richelieu, 1630, 1631.* — 1re partie, 1652, 1 v. in-12.

173 JOVE (Paul), *Histoire sur les choses faictes et avenues de son temps,* traduit du latin par SAUVAGE. Tomes 1 et 2. — Paris, Roigny, 1581, 1 v. in-fol.

174 JUSTINI, *in Trogi Pompeij historias.* — 1 v. in-12.

175 LABOUREUR (LE), *Mémoires de messire Michel de Castelneau.* — Paris, Pierre Lamy, 1659, 2 v. in-fol.

176 LAC (SONYER DU), *Observations sur l'état ancien et actuel des tribunaux de justice de la province du Forez.* — Paris, 1781, 1 v. in-8°.

177 LAC (Hector DU) DE LA TOUR D'AUREC, *Précis historique et statistique du département de la Loire.* — Le Puy, imp. de Lacombe, 1807, 2 vol in-8°.

178 LANGLOIS (Victor), *Numismatique des nomes d'Egypte sous l'administration romaine.* — Paris, Leleux, 1852, 1 v. in-4°.

179 LAVAL (DE), *Desseins des professions nobles et publiques.* — Paris, Vᵉ Langelier (2ᵐᵒ édition), 1613, 1 v. in-4°.

180 LARREY (DE), *Histoire d'Angleterre, d'Ecosse et d'Irlande,* — 1ʳᵉ partie, — Iᵉʳ et IVᵐᵉ Tomes. — Rotterdám, 1697, 3 v. in-fol.

181 LA VALLÉE (Th.), *Histoire des Français.* — Paris, Hetzel, 1845, 2 v. in-8°.

182 LESCORNAY (Jacques DE), *Mémoires de la ville de Dourdan.* — Paris, Martin, 1624, 1 v. in-8°.

183 LETI (Gregorio), *Il ceremoniale historico e politico.* — Amsterdamo, per Janssonio, 1685, 4 v. in-12.

184 LINGARD (le dʳ John), *Histoire d'Angleterre,* continuation de MARLÈS. — Paris, Mairet, 1842, 5 v. in-8°.

185 *Liste des Citoyens appelés à remplir les fonctions de Jurés* du département de la Loire, pendant les mois de messidor, thermidor, fructidor an V; 2ᵐᵉ liste, an VII, mêmes mois. — Imp. Magnien, in-4°.

186 LIVE (Tite), *Histoire Romaine,* assavoir les 35 lives. — Sommaville, 1653. 1 v. in-fol.

187 LIVIUS (Titus), *Romana historia.* — Lutetiæ Paris., apud Michaelem Vascosanum, 1552, 1 voi. in-fol.

188 — *Libri omnes.* — Aureliæ allobrogum, excudebat Petrus de la Roviere, 1609, 1 v. in-fol.

189 — *Historiarum* quod extat. — Amstelodami, apud Danielum *Elzevirium,* 1679, 3 v. in-8°.

190 *Ludovicus XIII, Regi Franciæ et Navaræ Panegyricus.* — 1 v. in-4°.

191 MALTE-BRUN (M. V. A.), *Nouvelles Annales des voyages.* — Janvier, février, mars 1855. — 1855, in-8°.

192 MARET (Alain), — *Essai pour servir à l'histoire politique de Lyon,* depuis les temps historiques jusqu'à la domination des Francs. — Lyon, Dorier, 1846, 1 v. in-8°.

193 MARSOLIER, *Histoire du ministère du cardinal Ximenez.* — Toulouse, Colomiez, 1694, 2 v. in-12.

194 MARTHE (DE SAINTE), *L'Estat de l'Italie et de la Savoye, et des Princes souverains de l'Asie,* IVᵐᵉ partie. — Paris, Jean Guignard, 1680, 1 v. in-12.

195 — *Histoire généalogique de la maison de France*, par Scevole et Louis DE SAINTE-MARTHE. — Paris, Séb. et Gab. Cramoisy. 1647, 2 v. in-fol.

196 MARCHE (Olivier DE LA), *Mémoires*, IVme édition, Lovain, Everardt de Wille, 1645, 1 v. in-4°.

197 MARVEAU (F.), *Histoire du Bas-Limousin*. — Paris, Techner, 1842, 2 v. in-8°.

198 MASSONI (PAPIRII), *Analium libri* quatuor, Lutetiæ, apud Chesneau, 1578, 1 v. in-8°.

199 — *Libri* sex de *Episcopis urbis, qui Romanam ecclesiam rexerunt, rebusque gestis eorum.* — Parisiis, apud S. Nivellium, 1586, 1 v. in-4°.

200 *Mémoire, arrestation des passagers du Carlo-Alberto* (traduits devant la Cour d'assises de la Loire). — Aix, 1833, in-4°.

201 *Mémoires* de M. D. *touchant les négociations du traité de paix fait à Munster,* en l'année 1648. — Cologne, 1674, 1 v. in-12.

202 MASSUET, *Histoire de la guerre présente.* — Amsterdam, chez François L'Honoré, 1737, 4 v. in-12.

203 MAYERNE-TURQUET, Lyonnois, *Histoire générale d'Espagne.* — Paris, Thiboust, 1635, 2 v. in-fol.

204 MENESTRIER, *Les divers caractères des ouvrages historiques, avec le plan d'une nouvelle histoire de la ville de Lyon.* — Lyon, Deville, 1694, 1 v. in-8°.

205 *Message du Président de la République* dans la séance du 6 juin 1849. — Imp. nationale.

206 *Message et discours* de LOUIS-NAPOLÉON BONAPARTE, depuis son retour en France jusqu'au 2 décembre 1852. — 1 v. in-8°.

207 METERN (Emanuel DE), *Histoire des Pays-Bas* amenée jusqu'à l'an 1612. — 1 v. in-fol.

208 MEZERAY, *Histoire de France.* — Paris (imprimé aux frais du gouvernement), 1830, 18 v. in-8°.

209 MICHAUD, *Abrégé chronologique de l'histoire de France,* par le président HENAULT, continué jusqu'aux évènements de ce jour. — Paris, Simon, 1853, 1 v. in-8°.

210 MICHEL, *Histoire de la ville de Vernon.* — Vernon, Le Roy, 1 v. in-12.

211 MIGNET, *Histoire de la Révolution Française.* — Paris, Didot, 1827, 2 v. in-8º.

212 MOLINA, *De Hispanorum, primogeniorum origine.* — Lugd., Landry, 1588, 1 v. in-fol.

213 *Moniteur* (réimpression de l'ancien), depuis la réunion des Etats généraux jusqu'au Consulat (1789 - 1799). — Paris, A. René, 1842-44, 32 v. in-8º.

214 MONTANDRE, *L'Histoire et la politique de l'auguste maison d'Autriche.* — Paris, Loyson, 1663, 1 v. in-4º.

215 MONTRÉSOR (DE), *Mémoires.* — Leyde, 1665, 2 v. in-12.

216 MORERI, *Le Grand Dictionnaire,* 2ᵐᵉ édition. — Jean Girin, 1681, 2 v. in-fol.

217 — IIIᵐᵉ volume du *Grand Dictionnaire,* édition de 1707, 1 v. in-fol.

218 — *Supplément* aux anciennes éditions du *Dictionnaire.* — Paris, Denis Mariette, 1714, 1 v. in-fol.

219 — *Le Grand Dictionnaire historique.* — Paris, Jacques Vincent, 1732, 6 v. in fol.

220 — *Supplément* au *Grand Dictionnaire.* — Paris, vᵉ Lemercier, 1735, 2 v. in-fol.

221 — Nouveau *supplément* au *Grand Dictionnaire.* — Paris, Jacques Vincent, 1749, 2 v. in-fol.

222 MORNAY (Ph. DE), *Mémoires* de 1572 à 1589. — 1624, 1 v. in-4º.

223 MOTTEVILLE (Mᵐᵉ DE), *Mémoires,* Tomes de I à V. — Amsterdam, François Changuion, 1723, 5 v. in-12.

224 MURE (Jean-Marie DE LA), Conseiller Aumônier du Roy, docteur en Théologie, Sacristain et Chanoine de l'église royale et collégiale de la ville de Montbrison, capitale du pays de Forez, *Chronique de la très deuote abbaye des Religieuses de Sainte-Claire de Montbrison.* — Montbrison, Jean Labottière, 1656, 1 v. in-16.

 Et Montbrison, Bernard, 1846, in-8º.

225 — *Description sommaire du rare Cabinet d'étude et de piété, orné de curiositez,* de messire Iean Marie De la Mure, Lyon, Gautherin, 1 v. in-8º.

226 — *Histoire Ecclésiastique du Diocèse de Lyon.* — Lyon, Gautherin, 1671, 1 v. in-4º.

227 — *Histoire nniverselle, civile et ecclésiastique du pays de Forez.* — Lyon, Compagnon et Taillandier, 1674, 1 v. in-4º.

228 NASICA, *Mémoire sur l'enfance et la jeunesse de Napoléon.* — Paris, Ledoyen, 1852, 1 v. in-8º.

229 *Note historique et pièces relatives au monument religieux élevé à Feurs,* aux victimes de l'anarchie de 1793, dans le département de la Loire (par M. P. D'ASSIER), — Tours, imp. de Mame, 1829, 1 v. in-8º.

230 *Notes authentiques et pièces officielles pour servir à l'histoire de Lyon* pendant l'année 1815. — 1 v. in-8º.

231 *Notices sur les chemins de fer du Rhône et de la Loire.* — Lyon, L. Perrin, 1843, 1 v. in-32.

232 *Notice sur Mme de Miramion.* — Paris, Devarenne, 1846, 1 v. in-12.

233 *Notice sur Mlle Legras,* fondatrice des sœurs de charité. — Paris, Devarenne, 1846, 1 v. in-12.

234 *Notitia utraque cum orientis tum occidentis.* — Froben, Basileae, 1552, 1 v. in-fol.

235 OLHAGARAY, *Histoire de Foix.* — 1 v. in-4º.

236 *Ordre public pour la ville de Lyon,* pendant la maladie contagieuse, avec le remède contre la peste, de feu M. le curé de Colonges. — Lyon, Rigaud, 1644, 1 v. in-12.

237 OSORII (Hieronymi), *de Rebus.* — Coloniæ, in officina Birckmarii, 1597, 1 v. in-8º.

238 OSSAT, *Lettres* de l'illustrissime et reverendissime cardinal d'Ossat. — Rouen, J. Caillove, 1643, 1 v. in-4º.

239 PARA (l'abbé), aumônier de l'Hôtel-Dieu de Montbrison, *Historique de l'Hôtel-Dieu Sainte-Anne de Montbrison.* — 1 f^lle jésus plano. Montbrison, Bernard, 1845.

240 PARIS (Matthaei), Monachi albanensis, *Historia.* — Paris, apud viduam G. Pelé, 1664, 1 v. in-fol.

241 PARISEL (L. V.), *Notes d'un voyageur de Lyon à Florence et à Vienne.* — Lyon, Mougin-Rusand, 1846, 1 v. in-8º.

242 PASQUIER (Nicolas), fils d'Estienne, *Lettres.* — Paris, G. Alliot, 1628, 1 v. in-8º.

243 PEPIN (Alphonse), *Deux ans de règne,* 1830-1832. — Paris, Mesnier, 1833, 1 v. in-8º.

244 PETAU (Denis), *La pierre de touche chronologique.* — Paris, Seb. Cramoisy, 1636, 1 v. in-8º.

245 PLANE (Ed. DE LA), *Essai sur l'histoire municipale de la ville de Sisteron.* — Paris, Paulin, 1843, 3 v. in-8º.

246 PLATINA (Batista), *Historia delle vite de summi Pontifici.* — In venetia, appresso Alessandro de Vecchi. — 1608, 1 vol. in-4º.

247 PLUTARQUE, *Les Vies des hommes illustres grecs et romains,* translatées par Jacques Amyot. — Paris, G. Laimarie, 1594, 1 v. in-fol.

248 *Politique (la) du cardinal Porto Carero découverte.* — A Madrit, chez Pierre Marteau, 1709, 1 v. in-12.

249 POLYBE, *Les Histoires,* de la traduction de du Ryer. — Paris, A. Courbe, 1655, 1 v. in-fol.

250 PONCER, *Mémoires historiques sur Annonay et le Haut-Vivarais.* — Lyon, Chambet, 1835, 2 v. in-8º.

251 *Pragmatica-Sanctio.....,* inter sanctissimum Papam Leonem decimum, et christianissimum Franciæ Regem Franciscum hujus nomini primum, 1530. — Lugduni, impressa per Joanne Crespinus, 1530, 1 v. in-8º.

252 *Précis historique de la maison d'Orléans,* par un membre de l'Université. — Paris, Delaunay, 1830, 1 v. in-8º.

253 *Précis pour les notaires royaux au bailliage et sénéchaussée de Montbrison en Foret,* contre les Procureurs au même siège. — Paris, Delaguette, 1778, 1 v. in-4º.

254 *Procès-verbal des séances de l'Assemblée provinciale de la généralité de Lyon,* tenue à Lyon, au mois de septembre 1787. — Lyon, imp. de De la Roche, 1787, in-4º.

255 *Procès-verbal des séances de la première assemblée provinciale de la généralité de Lyon,* tenue à Lyon, dans les mois de novembre et décembre 1787. — Lyon, imp. de De la Roche, 1787, in-4º.

256 *Procès-verbal de l'Assemblée de l'ordre de la noblesse de Forez,* tenue à Montbrison, 1789 (le 18 mars et jours suivants). — Montbrison, imp. de Magnien, 1789, in-4º.

257 *Procès-verbal des séances de l'ordre de la noblesse du ressort de la sénéchaussée de Lyon* (mars et avril 1789). — Lyon, imp. d'Aimé De la Roche, 1789, in-4º.

258 PUFENDORFF (le baron DE), *Introduction à l'histoire générale et politique de l'Univers,* Tomes III, IV, V, VI (1721) et VII (1722). — Amsterdam, 5 v. in-12.

259 *Quelques mots sur l'histoire du Forez,* par M. Aug. Bernard, par H. L. — Montbrison, Bernard, 1835, in-8º.

260 *Quelques observations sur la Bute polytaphe de Roanne*, par le bibliothécaire de la ville (M. LAPIERRE). — Roanne, L. Vernay, 1824, in-12.

261 QUERRIÈRE (E. DE LA), *Recherches sur les Enseignes*. — Paris, Didot, 1852, 1 v. in-8°.

262 QUINET (Edgar), *De la Grèce moderne* et de ses rapports avec l'antiquité. — Paris, Levrault, 1830, 1 v. in-8°.

263 *Rapport des Commissaires délégués par le Roi pour procéder aux évaluations des biens respectivement échangés entre le Roi et MM. Toynet et Magneux*. — Paris, imp. de Cellot, 1782, in-4°.

264 *Recueil* de diverses pièces pour servir à l'*histoire, de 1626 à 1634*. — 1 v. in-4°.

265 *Recueil* de notices, vies de plusieurs dames du *monastère de la Visitation Sainte-Marie*. — In-4°.

266 *Recueil* de pièces : *hôpitaux, maison de ville, etc., de Montbrison*. — Divers formats.

267 *Recueil* des principales pièces du procès jugé au Conseil d'Etat du Roy, en faveur du *Présidial de Lyon*. — Lyon, Langloîs, 1702, 1 v. in-4°.

268 *Règlement du Bailliage de Forestz, et sénéchaussée de Roanne et Saint-Etienne* transférées à Montbrison. — Montbrison, J. La Bottière, 1658, 1 v. in-4°.

269 *Règlement et ordonnances* faits par Monseigneur l'illustrissime et réverendissime *archevêque et comte de Lyon*. — Lyon, Jullieron, 1687, 1 in-8°.

270 *Règlement fait en l'hostel de ville de Lyon*. — Lyon, Jullieron, 1679, 1 v. in-4°.

271 REGNAULD (Elias), *Histoire criminelle du Gouvernement anglais*. — Paris, Pagnerre, 1841, 1 v. in-8°.

272 *Relation de trois ambassades de Monseigneur le comte de Carlisle*, de la part du sérenissime très puissant Prince Charles II, roy de la Grande-Bretagne, commencées en l'an 1663 et finies sur la fin de 1664. — Rouen, Le Maury, 1670, 1 v. in-12.

273 *Réponse du Chapitre royal de Notre-Dame de Montbrison* à Messieurs du Directoire du district (26 novembre 1790), 1 cahier in-4°.

275 *Response pour messire Claude Camus* (documents relatifs à la province de Forez, biens des d'Urfé, etc.), 1684.

276 *Résumés historiques sur la Perse moderne, l'Inde et la Chine,* par M. A. de B. de C.— Bordeaux, P. Faye, 1843, 1 v. in-8°.

277 *Revue du Lyonnais.* — Lyon, Aimé Vingtrinier.

278 ROLLIN, *OEuvres complètes.* — Paris, Didot, 1821-1825, 31 v. in-8°.

279 ROMUALD (Dom.-P. DE SAINT), *Trésor chronologique.* — Paris, Ant. de Sommaville, 1642-1647, 3 v. in-fol.

280 — *Abrégé* du 1ᵉʳ tome du Trésor chronologique et historique. — Paris, F. Clousier, 1642, 1 v. in-12.

281 ROSSEW-SAINT-HILAIRE, *Histoire de l'Espagne.* — Paris, Furne, 1844, 6 v. in-8°.

282 ROUX (l'abbé), *Recherches sur le Forum segusianorum.* — Lyon, Boitel, 1851, 1 v. in-8°.

283 SAINT-AUBIN (le R. P. Jean DE), *Histoire de Lyon.* — Lyon, B. Coral, 1666, 1 vol. in-fol.

284 SANUTUS (M., dictus TORSELLUS), *Orientalis historia.* — Hanoviæ, apud Joan. Aubrii, 1611, 1 vol. in-fol.

285 SAVARON (le président), *Les Origines de la ville de Clermont.* — Paris, F. Muguet, 1662.

286 SEGUIN (Aug), *Les Actes du martyre de Louis XVI.*— Valence, Jamonet, 1837, 1 v. in-8°.

287 SERRES (Jean DE), *Inventaire général de l'histoire de France.* — Rouen, Cailloue, 1660, 2 v. in-fol.

288 SIMLER (Josias), *La République des Suisses.* — Paris, Dupuy, 1578, 1 v. in-8°.

289 SIMON (Jules), *Histoire de l'école d'Alexandrie.* — Paris, Joubert, 1845, 1 v. in-8°.

290 SIRI (Vittorio), *Historia de correnti Tempi.* — In Casale, 1646, 1 v. in-8°.

291 *Sixti V, P., Fulmen brutum in Henricum serenissimum regem Nav.* 1604, 1 v. in-8°.

292 SLEIDAN, *Histoire de l'estat de la Religion et de la République sous l'empereur Charles V.* — Chez J. Crespin, 1558, 1 v. in-8°.

293 *Soleil (Le) au signe du Lyon. Réception du Roy à Lyon,* en 1622 (manque le titre).

294 *Souvenirs numismatiques de 1848.* — 20 livraisons. Paris, Rousseau, in-4°.

295 SPON; *Histoire de la ville et de l'Etat de Genève*. Tome Ier. —
Lyon, Amaulry. 1680, 1 v. in-12.

296 *Statuts et Règlements,* que le Roy veut et entend être obser-
vés en l'art et métiers de tireurs, ecacheurs et fileurs d'or
de la ville de Lyon. — Lyon, 1709, 1 v. in-4º.

297 STRADA, *de Bello Belgico*. — Antuerpiæ, typis viduæ Cnob-
bari. 1640 et 1682, 2 v. in-8º.

298 — *Histoire de la guerre de Flandre,* Tomes I, II, III, IV, VI.
— Grenoble, chez Francois Feronce. 1663, 5 v. in-12.

299 SUETONII, *De XII Cæsaribus* Libri VIII. — Apud J. Chouet.
1596, 1 v. in-4º.

300 — Ex Erasmi recognitione. — Parisiis apud Simonem Coli-
næum. 1535, 1 v. in-8º.

301 — Cum Comment. et annot. — Lugd., apud Frellonium
1548, 1 v. in-fol.

302 SULLY, *Mémoires des sages et royalles Esconomies d'Estat do-
mestiques, politiques et militaires de Henry-le-Grand*. —
Amstelredami, 1 v. in-fol.

303 — Edition de Thomas Jolly, Paris, 1664, 2 v. in-fol.

304 *Tablettes historiques, Généalogiques et Chronologiques*. —
Paris, Legras, 1752, 1 v. in-12.

305 TACITE, *Œuvres complètes*. Traduction nouvelle, avec le texte
en regard, des variantes et des notes, par J.-L. Burnouf.
Paris, librairie de Hachette. 1833, 6 v. in-8º.

306 — *Œuvres,* traduites en français, par Baudoin. — Paris,
Richer, 1628, 1 v. in-4º.

307 — *Opera,* a Justo Lipsio postremum rec nsita.— Antuerpiæ,
ex officina Plantiniana. 1648, 1 v. in-fol.

308 TAVANNES (Gaspard DE SAULX), *Mémoires,* 1 v. in-fol.

309 TEISSIER (Antoine), *Les Eloges des hommes sçavants,* tirés de
l'histoire de M. de Thou, — 1re partie. — Utrecht, 1697,
1 v. in-12.

310 TEIXEIRA (Pedro), *Relaciones del origen de los Reyes de
Persia*. — En Amberes, en Casa de H. Verdussen. 1610,
1 v. in-12.

311 TEMPLE (le chevalier), *Mémoires* de ce qui s'est passé dans
la chrétienté depuis le commencement de la Guerre, en
1672, jusqu'à la paix en 1679, trad. de l'angl. — La Haye,
Adrien Moetjens. 1692, 1 v. in-12.

312 *Testament de feu messire Jacques Moyron,* au profit des Pauvres de l'aumosne générale de Lyon. — Lyon, 1655.

313 *Testament politique de Colbert.* — A la Haye, H. Van Bulde-
   ren. 1694, 1 v. in-12.

314 *Testament politique du marquis de Louvois.* — A Cologne,
   1695, 1 v. in-12.

315 *Théâtre universel des Princes.* — Paris, Gesselin, 1613, 1 v.
   in-4°.

316 THEVET (André), Les vrais Portraits et vies des hommes illustres. — Paris, 1584, 1 v. in-fol.

317 THIERRY (Augustin), *Histoire de la conquête de l'Angleterre*
   par les Normands. — Paris, Mesnier, 1830, 4 v. in-8°.

318 THOU (DE), *Histoire des choses arrivées de son temps,* mise
   en françois par du Ryer, Tome III. — Paris, A. Courbe,
   1659, 1 v. in-fol.

319 TILLET (Jean DU), *Recueil des Roys de France.* — Paris,
   Jamet, 1602, 1 v. in-4°.

320 TOIRAS (Le Mareschal DE), *Histoire.* — Paris, Séb. Cramoisy, 1644, 1 v. in-fol.

321 TOUCHARD-LAFOSSE, *La Loire historique.* — Tours, Lecesne,
   1851, 5 v. in-8°

322 TOURNOIS, *Histoire de Louis-Philippe-Joseph duc d'Orléans,
   et du Parti d'Orléans,* dans ses Rapports avec la Révolution française. — Paris, Charpentier, 1842, 2 v. in-8°.

323 *Traictez de Confédération et d'alliance entre les Couronnes de
   France et les Princes et Estats étrangers.* 1650, 1 p. in-12.

324 TURPIN, *Histoire de Naples et de Sicile,* depuis 1117 jusques
   en l'année 1559. — Paris, Louis Vendosmes, 1630, 1 vol.

325 TURSELIN (Horace), *Epitome de l'histoire,* 1 v. in-8°.

326 — *Historiarum ab Origine Mundi* usque ad annum 1661. —
   Lugd. Declaustre, 1730, 1 v. in-12.

327 VALERII (Joannis Pierii), *Hieroglyphica.* — 1 v. in-fol.

328 VALLEMONT, *Eléments d'histoire,* 5me édition, Tome II et III.
   — Paris, Gab. Martin, 1729, 2 v. in-12.

329 VARILLAS, *Les Anecdotes de Florence.* — La Haye, A. Leers,
   1687, 1 v. in-12.

330 — *Histoire de Charles IX,* Tomes I et II. — Paris, Barbet,
   1684, 2 v. in-8°.

331 VATOUT, *Le Château d'Eu.* — Paris, imp. de F. Malteste,
   1836, 5 v. in-8°.

332 — *Galeries historiques du Palais de Versailles.* — Paris, imp. roy., 1839, 7 v. in-8°.

333 *Véritable Discours* de ce qui s'est passé en l'assemblée politique des *Eglises réformées de France,* par la permission du Roi. 1661. Tome II. — Paris, J. Elzevier, 1661, 1 p. in-12.

334 VERTOT (l'abbé DE), *Les Révolutions de Portugal.* — Paris, Nyon, 1737, 1 v. in-12.

335 *Vie (La) et les Actions de Michel-A. de Ruyter.* 2ᵐᵉ Partie. — Amsterdam, chez Boon, 1 v. in-12.

336 *Vie (La) de Pierre Abeillard,* abbé de Saint-Gildas, et celle d'*Héloïse,* son épouse, première abbesse du Paraclet. — Paris, Jean Musier, 1720, 2 vol. in-12.

337 VOSSII (Gerardi-Joannis), *De historicis Græcis,* Libri IV. — Lugd. Batav., J. Maïre, 1651, 1 p. in-4°.

338 — *De historicis Latinis,* Libri tres. — Lugd. Batav., J. Maire, 1651, 1 p. in-4°.

339 WALSINGHAM, *Le Secret des Cours.* — Lyon, Anisson et Posuel, 1695, 1 vol. in-12.

340 WEISS, *Biographie universelle.* — Paris, Furne, 1841, 6 v. in-8°.

341 XENOPHON, *Les OEuvres de....* Traduites en françois, par Pyramus de Candolle. — Cologne, P. Aubert, 1613, 1 vol. in-fol.

342 ZARATE (Augustin DE), *Histoire de la Découverte et de la Conquête du Pérou,* traduite de l'espagnol, par S. D. C. — Paris, imp. aux frais du Gouvernement.

Deuxième Partie

MANUSCRITS.

(Quelques fascicules et feuillets imprimés.)

1 *Alliance des nobles de Forest* avec ceux de Champagne (1314). — Copie tirée des archives de France.

2 *Arrêté* du citoyen Reverchon, représentant du Peuple, pour la mise en liberté des citoyens Chabrériat, Merlon, Girin. — Expédition officielle, scellée.

3 *Carte terriste,* moulée, dans l'affaire de MM. les Chanoisnes de Nostre-Dame de Montbrison, contre le sieur Bruyas, de la même ville, en juin 1775.

4 *Carthulaire* écrit au XIVe siècle, où sont rapportés les Reconnaissances et hommages-liges des seigneuries envers les comtes du Forez, 1 v. format in-4°.

5 *Compte* cinquiesme de Recepte et Depenses faicts par Le Bon, trésorier et receueur général de Mgr le duc de Mercueur (1587), 1 v. in-fol.

6 *Concession* faite par le duc Louis de Bourbon de la salle du château et de deux chambres pour retirer les meubles du couvent. — 10 juin 1370. Ms. original parchemin.

7 Copie de la double *Charte d'affranchissement* de Saint-Germain-Laval. — Petit in-fol. de 25 feuilles.

8 *Déclaration* des Biens, Revenus, Charges annuelles du Chapitre de Montbrison (1790), 4 feuillets grand in-fol.

9 *Délibération* du Directoire du District de Montbrison, rela-
tive à un imprimé publié par les « ci-devant Doyen,
« Chanoines, Prébendaires royaux et Livrés, composant
« le clergé de Montbrison, etc. (27 décembre 1790). — Imprimé chez Magnien.

10 *Extrait* du Registre des Délibérations du district de Montbrison, arrêté relatif à la mise en liberté des citoyens Chabrériat, Merlon et autres. — Expédition officielle.

11 *Extrait* du registre des Fiefs et hommages rendus à Guy V,
comte de Forez. Ms. XVIIe siècle.

12 *Estat des Nobles* possedant fonds dans les paroisses de l'Eslection de Saint-Etienne. — 8 feuillets p. in-fol.

13 *Estat des Fiefs* qui sont dans l'estendue de l'eslection de
Saint-Estienne, estant tous de la mouuance de Sa Maiesté
(18 août 1685), grand in-fol.

14 GARNIER (Le R.-P.), de la compagnie de Jésus, *Rhétorique
françoise* composée par le R. P. Garnier, à Roanne en
l'année 1698. 2 v. p. in-4°.

15 HERBIGNY (Lambert D'), *Mémoire* sur les trois Prouinces de
la Généralité de Lyon, par M. Lambert d'Herbigny, Inten-
dant de la Prouince, et présenté à la Cour en 1700. 1 vol.
in-fol.

16 *Investitures* pour noble Loys de Saint-Paul, seigneur de
Vassalieu. — 1582 et années suivantes. 16 feuillets
in-8°.

17 *Juge de paix (Le)*, Comédie en trois actes (scènes de mœurs
et critiques locales). — 1781.

18 *Lettre* de la Duchesse de Bourbon et d'Auvergne au Bailly
de Forez pour vendre la moitié des biens de Sury et
Saint-Marcellin.

19 *Lettre* du Duc de Bourbon à M. de Varenne (1703).

20 *Lettres patentes* de Sa Majesté, pour l'établissement de
l'Hôtel-Dieu des Pauvres renfermés de la ville de Montbrison. — 2 feuilles in-4°, imp. chez Magnein, à Montbrison.

21 *Mémoire* des Antiquités de la Ville de Saint-Haon-le-Châtel,
de ce qui s'est passé depuis son origine jusqu'à présent, —
terminé ainsi : « Fait par moi Pierre Bergeron, de Saint-
Haon-le-Châtel, ce 7 août 1829. » Ms. plano.

22 *Menace* par le Pape « Innocentius » de la Colère de Saint-
Paul. — Copie authentique. parchemin, 1485.

23 *Modèle* de la Déclaration faite par M^rs les Recteurs de l'Hostel
Dieu Sainte-Anne, de Montbrison, des revenus et charges
dudit hostel, dont le double a été remis à M. Basset, sub-
délégué le 16me août 1723.

24 *Monastère* de la Visitation Sainte-Marie de Montbrison. — 6
pièces, titres et notes relatifs à la construction, — fin du
XVIIme siècle, commencement du XVIIIme.

25 MURE (DE LA). *Documents généraux,* copies-autographes, etc.,
relatifs à l'histoire du Forez, recueillis par De la Mure, et
en grande partie de sa main. — 3 v. in-fol. rel.

26 — *Histoire* des Ducs de Bourbon et des Comtes de Forez,—
« Tome Ier en forme d'annales sur preuves authentiques
servant d'argumentation à l'histoire du pays de Lyonnois,
Beaujolois, Bourbonnois, Daufiné, Auuergne, et aux
généalogies tant de la maison royalle que des plus illustres
maisons du Royaume, par Jean-Marie de la Mure, prêtre,
docteur en théologie, Conseiller aumonier du Roy, Sacristain et Chanoine de l'Eglise royalle de Montbrison ; » —
1675, — Tome second, « Histoire des Ducs de Bourbon et
des Comtes de Forez. » — 2 v. in-fol. Ms. copie.

27 PAPON (J.), *Lettres de noblesse* accordées par le roi Henri III
à J. Papon, 1578. Ms. parchemin authentique.

28 — *Privilège* accordé par le Roy Henri III de faire imprimer
une partie des Œuvres du Grand-Juge Papon, — 24 septembre 1556. — Ms. auth.

29 — *Testament olographe de Jehan Papon,* dit le Grand-Juge
de Forez, du 22 octobre 1572. Autographe. — Projet ou
Brouillon de ce testament. Ms. id.

30 PAPON (Loys), *Pastorelle* sur la victoire obtenue contre les
Alemands, Reytres, Lansquenets, Souysses et François
rebelles à Dieu et au Roy très chrétien l'an 1587, à Montbrison, représentée le 27me jour de feurier 1588. — Ms.
avec miniatures sur vélin, copié d'après le ms. original de
la Bibliothèque harléienne de Londres. — Donné à la
Bibliothèque de Montbrison par Son Exc. le comte de
Persigny, ambassadeur de France en Angleterre. — 1 vol.
in-fol.

Pièces diverses, concernant le Forez ou le département de la Loire (collection Paris).

31 — Dossier relatif à la maison des Ursulines de Montbrison, 1628 à 1751, 6 pièces.

32 — Lettres patentes signées Louis XIII, Taxe sur les habitants de Saint-Galmier. 1636, 1 pièce.

33 — Lettre de cachet au Senechal de Forez, signée Louis XIV, pour l'assemblé des Etats de Forez. 1649, 1 pièce.

34 — Procès entre M. le comte de Saint-Georges, prevost comte de Lyon, prieur de Saint-Romain, et M. de Seynas, seigneur de Sury et de Saint-Romain, pour une portion de la justice de la terre de Saint-Romain. 1736, 2 pièces.

35 — Droits dûs au Chapitre de Montbrison par le comte de Damas, 1 pièce.

36 *République* — Lettres et procès-verbaux signés :
    Paré,
    Saint-Polgues,
    Montchoisy,
    Merlin,
    Ramel,
    Canuel,
    Kellermann,
    Cambacérès.

37 Lettres sous le *Premier Empire.* — Signatures :
    Berthier (Alex.),
    Montalivet.
    Comte Damas,
    Duc de Feltre,
    Reynier,
    Gaëte,
    Gaudin,
    Bigot de Preameneu,
    Rovigo,
    Augereau,
    Chaptal,
    Gust. de Damas,
    Comte de Bondy.

38 Lettres sous la *Restauration*. — Signatures :
        Dupont,
        Augereau,
        Prince de Wagram.

39 Lettres sous les *Cent-Jours*. --- Signatures :
        Daru,
        Prince d'Eckmull.

40 Lettres sous *Louis XVIII*. --- Signatures :
        Duc de Feltre,
        Vaublanc,
        De Cazes,
        Molé,
        Cerutti,
        Duc de Richelieu,
        Comte Dubouchage,
        Laisné,
        De Bellune,
        D'Hermopolis,
        Clermont-Tonnerre.

41 Lettres sous *Charles X*. --- Signatures :
        De Villele,
        Clermont-Tonnerre,
        Peyronnet,
        Corbière,
        Chabrol,
        Bourmont.

42 Lettres sous *Louis-Philippe*. --- Signatures :
        D'Argout,
        Casimir Périer,
        Montalivet,
        Comte de Rigny.
        Barthe,
        Duc de Bassano,
        Thiers,
        Passy,
        Gasparin,
        Rosamel,
        Pelet,
        Bernard,
        Villemain,
        Duc de Dalmatie.

43 *Plan de la Ville de Montbrison et de la Juridiction de Moind,* produit en 1732, par MM. du Chapitre de N.-D. de Montbrison, dans un conflit de Juridiction avec les Officiers de la Chatellenie. Authentique.

44 POPULUS (Marie-Dominique, curé de Notre-Dame de Montbrison. --- *Exercice littéraire* en forme d'entretien sur les Colloques d'Erasme et sur l'Apologue. --- Ecrit, on le présume, de 1780 à 1785. 20 feuillets.

45 --- *Sermon* pour le service anniversaire de Louis-le-Martyr, le 27 janvier 1816. --- Autographe, 6 feuillets.

46 *Protestation* de Guillaume de Baffie, incarcéré par le Comte Guy V, copie de la pièce déposée aux archives de France.

47 *Recueil* abrégé des Actes faicts au bénéfice des Comtes de Forests (extrait du livre des Compositions). Ms. in-4º.

48 *Recueil* de pièces concernant l'appel de l'arrière-ban de Forez, XVIIe siècle. Ms. 3 vol. in-fol. rel.

49 *Requeste* pour la translation de la Dedicace du Couuent de Saint-François, de Montbrison, au 30me août 1628. Ms. original.

50 *Rolle* des taxes faictes sur les Rôturiers possedant fiefz et sur les Viuans noblement, in-fol. 6 feuillets, 1696.

51 *Rolle* des taxes de l'arriere-ban sur les Gentils - hommes de Forestz, et des motifs sur quoy elles sont fondées. in-fol. 6 feuillets sans date, présumés de l'époque des précédents.

52 *Terrarium* de Goincel. Ms. 1480.

53 *Terrier* (Copie du) de la Ferriere. 1600.

54 --- (Copie du) de la Chatellenie royale de Marcilly-le-Chastel, depuis le commencement du XVme siècle.

55 --- de Chalain. --- XVme siècle et suivants.

56 --- de Gumières.

57 --- de la Commanderie de Saint-Jean-de-Jérusalem à Montbrison. XVme siècle et suivants.

58 --- du Poyet, dépendant de Marcilly.

59 *Testament* de feu noble Claude Henrys, conseiller du Roy au Bailliage et Sénéchaussée de Forestz, --- VII janvier 1660. --- Signé De la Roche.

53 *Testament* (Copie du) de M. Grimaud. Theologal de Bour-
deaux, en faueur du Collége des Pères-Jesuistes de Roanne
(2me avril 1654). 4 feuillets.

54 *Verbail* de la visite des Excluses de la Riuiere de Loire,
faicte en vertu de la commission de Messrs les Bailly et
Juges de Forestz, par Ducrozet, receueur. in-fol. 8 feuill.

55 *Vidimus* de la Charte d'affranchissement de la ville de Sury-
le-Comtal. 1393. Parchemin.

Troisième Partie.

───◄►───

PLANS, DESSINS, GRAVURES.

────

2 CAILLAT (Victor), Encyclopédie de l'architecture. — Paris, Bance, 1850 à 1853.

1 *Carte terriste* « moulée » dans l'affaire de messieurs les chanoines de Notre-Dame de Montbrison, contre le sieur Bruyas, de la même ville, en juin 1775, plano.

3 CAVÉ (Mme), *Le Dessin* sans maître, 2 vol. et pl.

4 CHARLET, *L'Empereur et la Garde impériale.* (Continuation par Raffet, de Rudder, Valerio, Canon, Cinain).— Paris, Aug. de Bry.

5 CLARAC (le comte de), *Musée* de sculpture antique et moderne, description historique et graphique du Louvre (voir le texte à la Ire partie, section 3me) planches. 17 livraisons. Imp. roy.

6 CUVIER, *Anatomie* comparée, publiée sous les auspices de dé M. le Ministre de l'instruction publique. — Paris, Dusac.

7 BUCHON, Nouvelles *Recherches historiques* sur la Principauté française de Morée et de ses hautes Baronnies, fondées à la suite de la 4me croisade. 2 vol. et atlas. — Paris, Bethune, 1843.

8 *Description de l'Egypte* (voir le texte à la Ire partie, sect. V). 12 vol. atlas planches. 1809 à 1828.

9 GISORS (Alph. DE), *Palais du Luxembourg.* — Paris, Plon, 1841, 1 vol. in-8°.

10 GODEFIN, géomètre en chef du cadastre de la Loire, *Carte* du Département de la Loire, à l'échelle de 1/60,000 m. Quatre feuilles. — Paris, 1840-45.

11 GRILLE DE BEUZELIN, *Statistique monumentale* de l'arrondissement de Toul et de Nancy. — Texte et atlas. 1847.

12 HITTORF (J.-J.), *L'Architecture Potychrôme chez les Grecs.* — Paris, 1851, pl.

13 *Illustration (L'),* n⁰ du 13 juin 1857, contenant une lettre sur le Concours régional de Montbrison, par M. Eug. Rey, et 3 gravures sur bois représentant l'inauguration du jardin d'Allard, — l'exposition des machines agricoles sur la place de la Halle, — la distribution des Primes et Médailles, d'après les dessins de M. G. Cuignet. Paris, imp. Firmin Didot, 1857.

14 INGRES (J.-A.), membre de l'Institut, *Œuvre,* par M. Auguste Reveil. — Paris, Firmin Didot, 1851, grand in-4⁰.

15 JUBINAL (Ach.), *Danse des morts de la Chaise-Dieu.* — Paris, Chalamel. — 1841, cahier in-4⁰.

16 LEBLANC, professeur au Conservatoire, *Recueil* des machines, instruments et appareils. Cahiers, texte et planches (voir aux sciences et arts). — Paris, Carillan-Cœury.

17 LENOIR (Albert), *Statistique monumentale de Paris.* Cartes, plans et dessins (ministère de l'Instruction publique).

18 LESAGE (Comte de Las Cases), *Atlas* historique, chronologique et géographique. 34 feuilles. — Paris, Renouard, 1842.

19 LETRONNE, *Les Chartes mérovingiennes,* 3 livraisons et texte. — Paris, Kaeppelin.

20 MERIMÉE (P.), *Peintures* de l'Eglise de Saint-Savin (ministère de l'Instruction publique), dessins de Gerard Seguin. — Imp. roy., 1845.

21 *Modèles de dessin.* (Collection pour l'Ecole de dessin).

22 *Monographie* de la Cathédrale de Chartres, architecture, sculpture d'ornement et peinture sur verre, par J.-B.-A. Lassus, statuaire, et peinture sur mur par Amaury Duval. Texte descriptif par Didron (minist. de l'Inst. pub.), 1842.

23 *Monographie* de l'Eglise de Notre-Dame de Noyon, plans, coupes, élévations et détails, levés, mesurés et dessinés par Daniel Ramel, texte par M. Vitet (minist. de l'Inst. pub.)

24 *Monument de Ninive*, découvert et décrit par M. P.-E. Botta, mesuré et dessiné par M. E. Flandin (minist. de l'Int.). — Paris, Gide et Ce.

25 *Musée Napoléon*. Collection de gravures et texte par Henri Laurent..... Continuation, *Musée Royal*..... Reproduction des plus beaux tableaux, statues et bas-relief, avec description des sujets, notices littéraires et discours sur les arts. — Paris, F. Didot.

26 PELET, *Atlas des Mémoires militaires* relatifs à la succession d'Espagne sous Louis XIV, dressé par les soins de M. le Lieutenant-général Pelet, Guerres de 1701 à 1714 (Minist. de l'Inst. publ.).

27 *Plan* de la Ville de Montbrison et de la Juridiction de Moind, produit en 1732, par MM. du Chapitre de Notre-Dame de Montbrison, sur les limites à assigner aux deux ressorts. Document auth., dessin.

28 *Plan* du Château de Charlieu, près de la ville de Montbrison, dessin.

29 *Portrait de Louis XVIII*, en costume royal, dessiné et gravé par F.-A. David.

30 *Prinse* de Montbrison, au Pays de Forèst, au mois de juillet 1562. — Pl. grav.

31 RENON, *La Diana*, sous le point de vue historique et héraldique, — 1 vol., planches coloriées. — 1 broch. texte, in-8°. Montbrison, imp. Bernard, 1844.

32 — *Tableau paléographique* pour les inscriptions, monnaies, sceaux, etc. — Roanne, lith. Chorgnon, 1844.

33 *Travaux d'Hercule*, d'après le Poussin, gravés par A. Gelée. — Paris, E. Gatteaux, 1850.

34 TRUELLE, *Vue de Montbrison*. — Lithographie de Lemercier.

35 *Voyage au Soudan Oriental*. — Paris, Borrani.

36 *Voyage en Perse*, de MM. Eugène Flandin et Pascal Coste (ministères des Affaires étrangères et de l'Intérieur), texte par MM. E. Burnouf, H. Lebas et A. Leclère. — Paris, Gide et Baudry.

37 WALSH (le vicomte Joseph), *Album du Château de Blois*, restauré. — Paris, A. Prevost.

SUPPLÉMENTS.

PREMIÈRE SECTION. — THÉOLOGIE.

113 *Breuiarium romanum nuper reformatum....* avec pl. gravées sur bois, rubriques, 1537. — 1 v. in-18.

114 DUGUET, *Choix des traités de morale chrétienne,* — édition revue et précédée d'une Préface par M. Silvestre de Sacy, membre de l'Académie française. — Paris, Techner, 1858, 12 vol. in-18.

115 *Méditations pour toute l'année* (par le P. Pierre Guillaumin). — Lyon, Carteron, 1670, 2 v. in-8°.

116 *Méditations sur tous les points principaux de la Règle de Sainte-Claire* (par le P. Pierre Guillaumin). — Lyon, J. Carteron, 1661, 1 v. in-8°.

117 VERGUET (Léopold), missionnaire apostolique, *Histoire de la première mission catholique* au vicariat de Melanesie, de 1844 à 1848. — Carcassonne, Labare, 1854.

DEUXIÈME SECTION. — JURISPRUDENCE.

22 HENRYS (Claude), conseiller du Roy et son premier avocat général au Bailliage et Siège Présidial de Forez, *Œuvres* (de), avec des observations par M. B.-J. Bretonnier, — 6me édition. — Paris, 1772, 4 v. in-fol.

TROISIÈME SECTION. — SCIENCES ET ARTS.

Compte général de l'administration de la Justice criminelle en France, suites du n° 68 du Catalogue, jusqu'à l'année 1858 inclusivement.

Compte général de l'administration de la Justice civile en France, suites du n° 69 du Catalogue, jusqu'à l'année 1858 inclusivement.

270 GRUNER, ingénieur en chef au Corps impérial des mines, *Description géologique et minéralogique du département de la Loire*. — Imp. imp., 1858, 1 v.

271 PACHYMERIS (G.), *Declamationes XVII.....* Curante Boissonnade (sumptus in editionem erogante N. Yemeniz [Bysantio]. — Parisiis, typ. Crapelet, 1848, 1 v. in-8°.

272 SALLENAVE (Le docteur), *Traité* théorique et pratique sur *l'épuisement*. — Bordeaux, Dupuy, 1855, 1 v. in-8°.

273 VILLE, ingénieur au Corps impérial des mines, *Notice minéralogique* sur les provinces d'Oran et d'Alger. — Imp. imp., 1858, 1 v.

QUATRIÈME SECTION. — BELLES-LETTRES.

119 BERNARD (Michel) AÎNÉ, *Notre-Dame de Montbrison*, Poëme. — Montbrison, 1859, in-8°.

120 LAPRADE (Victor DE), de l'Académie française, — *Psyché*, — *Odes et Poëmes*. — Paris, Lévy frères, 1857, 1 v. in-18.

121 — *Les Symphonies*, Poésies nouvelles, ouvrage couronné par l'Académie française. — Paris, Levy frères, 1857, 1 vol. in-18.

122 VIRGILE, *OEuvres (de)*, Le latin, avec la traduction de MM. Héguin de Guerle et Amar. — Paris, Delalain, 1825-1827, 3 v. in-8°·

CINQUIÈME SECTION. — GÉOGRAPHIE ET HISTOIRE.

343 *Almanach historique et politique de Lyon* pour l'an XIII de la
République. — Lyon, Ballanche père et fils, 1 v. in-8º.

344 *Aperçu* sur les variations du costume militaire dans l'antiquité et au moyen-âge, par André Steyert, publié aux frais
de M. N. Yemeniz. — Lyon, L. Perrin, 1857, in-8º.

345 ASSIER DE VALENCHES (P. D'), *Les Fiefs du Forez*, d'après le
manuscrit inédit de M. SONYER DU LAC, premier avocat du
Roy au Siége domanial de Montbrison, ressort et comté de
Forez, en 1788, avec notes, cartes et une table raisonnée des
noms de lieux et de personnes, par M. P. d'Assier de Valenches. — Lyon, Perrin, 1858, 1 v. in-4º.

346 — *Appendices à cet ouvrage* (extraits des *Fiefs*), *Carte du
Forez féodal*, M. P. d'Assier de Valenches, éditeur.

347 — *Tableau historique et généalogique* des comtes de Forez
(870-1531). Id.

348 BERNARD (Aug.), *Description du pays des Ségusiaves*, pour
servir d'introduction à l'Histoire du Lyonnais (Rhône et
Loire). — Paris, Dumoulin, 1858, in-8º (avec les supplé-
ments).

349 BOUGEANT (Le R. P.), de la compagnie de Jésus, *Histoire*
des guerres et négociations qui précédèrent le traité de
Westphalie. — Paris, Mariette 1727, 1 v. in-4º.

350 BROUTIN, *Notice historique sur l'Hôpital de Feurs*. — Saint-
Etienne, imp. de Theolier, 1858, 1 v. in-8º.

351 *Collection des décrets de l'Assemblée nationale* (clergé). T. III.
— Lyon, Barret, 1791, 1 v. in-12.

352 *Déclaration* du Roy, pour l'Etablissement des *grands jours en
la ville de Clermont*.

353 GUICHENON (Samuel), *Inventaire des Titres*, — imprimé aux
frais de M. Yenneniz. — Lyon, L. Perrin, 1851, 1 v. in-8º.

354 JUSSIEU (Alexis DE), *Histoire* de la Chapelle de Notre-Dame
de Bezines, sous les murs d'Angoulème. — Angoulème
Fruger, 1857, 1 v. in-8º.

27 *Mémoire pour les Co-seigneurs de la Baronie de La Faye*, en
Forez, au sujet du droit de milod. — Paris, imp. de veuve
d'Houry, 1767.

356 *Mémoire* pour Reine-Pierrette-Eléonore-Constant, veuve de
 Durand de Lamure, *contre le citoyen Goyet de Livron.* —
 Lyon, imp. Leroy.

357 Napoléon Ier, *Correspondance,* publiée par ordre de l'Empereur Napoléon III. — Paris, imp. imp., in-4º.

358 Napoléon III, *Discours, messages et proclamations* de l'Empereur. — Paris, imp. de H. Plon, 1860, 1 v. in-8º.

359 Poirson (A.), *Histoire du règne de Henri IV.* — Paris, Louis
 Colas, 1856, 3 v. in-8º.

360 Yeméniz (Eug.), *Voyage dans le royaume de Grèce,* précédé de
 considérations sur le génie de la Grèce par Victor de Laprade. — Paris, L. Dentu, 1854, 1 v. in-8º.

APPENDICE AU CATALOGUE.

Collections de Journaux.